ハンドブック

学ぶ意欲を高める100の方法

小島 宏 著

教育出版

はじめに

文部科学省の教育課程実施状況調査（全国学力調査）および国際学力調査（ＴＩＭＳＳ、ＰＩＳＡ）、その他の調査において日本の子どもたちの学力の低下傾向が指摘され、学習指導要領の改訂（目標や指導内容、授業時数）、指導計画、指導体制や学習形態、指導方法の改善が進められています。これはこれで、教え込みによる「読・書・算」の反復練習をこえた「質の高い学力」の定着・維持・向上を目指したものであれば好ましいことであるに違いありません。

しかし、私たちに必要なことは、平均点の上でのわずかな向上や低下の傾向に翻弄されることではなく、今、注目したいことは、次の二点であると考えます。

○「わからない、できない」ではなく「考えない子ども、使えない子ども」がいること
○「学ぶ意欲の低い子ども」がたくさんいること

特に、日本の子どもたちの学ぶ意欲の低さが気になるのです。明るく元気に前向きに問題（課題）を解決（達成）する際に、さらに、希望をもち可能性を信じてねばり強く創造的な活動を進める際にも、学ぶ意欲はその原動力になるからです。

学校（教師）は、このことについて早くから気づき、学ぶ意欲を高めるにはどうしたらよいか、どのようにしたら学習を好きになるか、校内研究や事例研究会などで工夫してきました。つまり、子どもの学ぶ意欲が減退したのは、子ども自身や、家庭、取り巻く社会に原因があるだけでなく、教師自身に、授業力の衰退があるのではないかと考えたからなのです。

ところが、昨今の学校教育を取り巻く状況、教師の慢性的な多忙さ（多忙感）から学ぶ意欲を高める本格的な研究にはなりきれず、具体的な方法が体系化されないままにいつまでも先送りになっているのが現状です。

「日本の子どもはよくできるのに、なぜ学習が嫌いなのか?」「日本の子どもはなぜ学習したことが役に立つと思わないのだろう?」と、多くの国の教育関係者が不思議に思っています。テストで高い得点を取ることや上級学校への合格を目的に学習しているからだと推測されています。そのようなことがあるかもしれません。

まず、わかりやすく教えて理解させる授業を展開します。その後で、反復練習させて、知識を覚えさせ、技能を習熟させます。そして、問題（課題）を与えて、どのように解決（達成）

したらよいか考えさせます。このような注入型の授業をしているから「指示されなければ学習しない」「叱咤激励されなければ練習しない」「与えられた問題には取り組むが自分では課題を発見しようとしない」という受け身の子どもにしてしまったのだとの指摘があります。残念ながらそのような可能性を否定できない、進化の止まった授業が少なくありません。

一方で、子どもに、学習の中身のおもしろさ、楽しさを実感させて、学習そのものを魅力的にしてのめり込ませようとする実践が、多くの学校、教師によって試みられています。実に遠回りの感じがしますが、このことが実現できたら、子どもたちは学習することが好きになり、「自分から」しかも「自分で」学習を進めるようになるに違いありません。これこそが「学ぶ意欲の高まり」であるように思います。

また、もっと肯定的評価をし、子どもたちに自信をもたせるようにする実践も行われるようになってきました。大きな「ハナマル」をつけて、曖昧な評価で子どもを表面的に喜ばせるのではなく、何がよかったか、どのような工夫が認められたか、どのくらい進歩したか、どの取り組みがどんな点で役立ったかなど、具体的に評価し、実感をもって子どもが受けとめられるようにするのです。もちろん、これらのよさや進歩をいっそう促進するために、あたたかい注文も必要に応じて行っているようです。肯定的評価は、子どもを前向きにし、困難やつまずきを克服しようとする挑戦意欲を芽生えさせるそうです。注目し、積極的に取り入れ、子どもを元気にしたいものです。

そこで、学ぶ意欲を高める具体的な方法を、先輩方が見つけた従来からある事柄に、著者が独自に開発した事柄を加えて、いくつかの観点から分類整理して、「学ぶ意欲を高める100の方法」としてまとめてみました。一つでも読者のお役に立つことができましたら大きな喜びです。そして、読者の実践や発案を加えていただき、学ぶ意欲を高める具体的な方法が200にも300にも増殖することを密かに願っています。また、先輩諸兄姉氏のご指導・ご批正を切にお願いする次第です。

この小本をまとめるにあたっては、毎月行われる「OCHIAI会」の例会における提案から多くを学びました。特に、若い先生方の意欲的な提案からたくさんヒントをいただきました。関係の先生方にお礼を申し上げます。

二〇〇六年二月

小島　宏

目次

はじめに

1章 学ぶ意欲の意味と役割

1 学ぶ意欲の意味 2

2 学ぶ意欲の役割 5

2章 学ぶ意欲の実態

1 学ぶ意欲の実態 12

2 学ぶ意欲のある子どもの特徴 14
3 学ぶ意欲がないと見える子どもの特徴 18

3章 学ぶ意欲を高めるポイント

1 学校のすること 23
2 学級担任のすること 25
3 学級担任と保護者が協力してすること 28
4 保護者のすること 30
5 地域社会にできること 32
6 学校・家庭・地域が承知しておきたいこと 34

4章 学ぶ意欲を高める100の方法

Ⓐ 教科の学習意欲を育てる 38

1 書くことの好きな子どもにする（国語） 39
2 読書の好きな子どもにする（国語） 41
3 調べることの好きな子どもにする（社会・総合的な学習） 42

4 考えることの好きな子どもにする（算数）――43
5 実験や観察の好きな子どもを育てる（理科）――45
6 運動やスポーツの好きな子どもにする（体育）――46
7 音楽・絵・創ることの好きな子どもにする（音楽・図工・家庭）――47
8 総合的な学習の好きな子どもにする（総合的な学習）――48
9 英語学習の好きな子どもにする（英会話体験）――49
Ⓑ 内発的な動機づけをする――50
10 見つけたい・探したい……「探索」――51
11 もの珍しさ・あれ！ 何だ？……「好奇」――52
12 やってみたい・動かしたい……「操作」――53
13 やりとげたい・解決したい……「達成」――54
14 仲よくしたい・一緒にいたい……「親和」――55
15 尊敬・あこがれ・ああなりたい……「畏敬」――56
16 自分もすごい・自分には能力がある……「有能感」――57
17 自分にはできる・自分ならだいじょうぶ……「自信」――58
18 目標に向かって・なりたい自分・生きがい……「自己実現」――59

19　できそうだ・何とかなりそうだ……「可能性」――60

Ⓒ 知的好奇心を広げる――61

20　驚きを大事にする――62
21　「なぜ？」を大事にする――63
22　当惑する場面に立たせる――64
23　矛盾に目を向けさせる――65
24　ちょっと難しそうな課題に出あわせる――66
25　おもしろそうだと感じさせる――67
26　内容のおもしろさに気づかせる――68
27　とりこにして熱中させる――69
28　もっと知りたいと思わせる――70
29　こだわりを大切にする――71

Ⓓ 「なぜ、勉強するのか？」に答える――72

30　テストができるようになる――73
31　希望する学校に合格できる――74
32　新しいことや難しいことができるようになる――75

33 将来、研究者などになれる —— 76
34 自分のしたいことに必要である —— 77
35 自分が高まると幸せを感じる —— 78
36 自分の気持ちが通じた —— 79
37 勉強はおもしろい —— 80
38 いい仕事に就いて豊かな生活がしたい —— 81
39 将来、社会や人のためになることがしたい —— 82
40 親や先生がほめてくれる —— 83
Ⓔ 学ぶ意欲の条件を大切にする —— 84
41 新しいことを自分の力でしたい —— 85
42 完成させたい・達成したい —— 86
43 自分で選んだことがしたい —— 87
44 自分で計画を立ててやりたい —— 88
45 目当てをはっきりさせる —— 89
46 学習の方法を具体的に示す —— 90
47 結果を確認させる —— 91

48 自分で考え、友達とも学び合う —— 92
49 先生が大好き —— 93

Ⓕ 評価の仕方を工夫する —— 95

50 子どもの「したこと」を評価する —— 96
51 小さなよいところを見つけて認める —— 97
52 進歩したこと・直したことを見つけて認める —— 98
53 プロセス・努力・工夫を評価する —— 99
54 その時・その場の評価と支援をする —— 100
55 提出物へのコメントを工夫する —— 101
56 採点の仕方を改善する —— 102

Ⓖ ほめ方・叱り方を改善する —— 103

57 肯定的評価（ほめる）を上手に使う —— 104
58 「ほめる語彙」をたくさんもち、上手に使う —— 105
59 否定的評価（注文をつける）を上手に使う —— 106
60 プライドをくすぐる —— 107

Ⓗ「学習成果」の原因の求め方を変える ── 108

61 成功体験をさせる ── 109
62 成功の原因を自覚させる ── 110
63 失敗を克服した体験をさせる ── 111
64 失敗の原因を自覚させる ── 112
65 自己評価力（メタ認知力）を育てる ── 113

Ⓘ「学習の仕方」を身につけさせる ── 114

66 予習・復習・練習の習慣をつける ── 115
67 作業的な活動・体験的な活動を奨励する ── 116
68 読解力・表現力をつける ── 117
69 辞典・百科事典・図鑑・参考書の使い方を指導する ── 118
70 インターネットなどパソコンの使い方を指導する ── 119
71 問題解決の仕方に合ったノートの使い方を指導する ── 120

Ⓙ 学習ルールを確立する ── 121

72 生活指導を徹底する ── 122
73 学習ルールを確立する ── 123

74 自己を見つめることができるようにする――124

Ⓚ 人間関係を安定させる――125

75 担任と子どもの信頼関係を確立する――126

76 子どもと子どもの人間関係を安定させる――127

77 担任と保護者との協力関係を築く――128

Ⓛ 教育相談を活用する――129

78 専門家に相談する――130

79 専門家の指導・援助を受ける――131

Ⓜ 授業を本気で改善する――132

80 プロの教師としての授業を展開する――133

81 学習形態を工夫する――134

82 指導体制を改善する――135

83 専門家の参加する授業を取り入れる――137

84 ハウツーの指導理論に惑わされない――138

85 教材を開発・工夫する――139

86 学習環境を充実する――140

87 遊びを手がかりにする――141
88 体験・実習・実技を手がかりにする――142
89 生活から出発し、生活に戻す――143
90 補充学習・発展学習・土曜授業を活用する――144

Ⓝ 教師や親がモデルになる――145

91 「学ぶ意欲」を失わせる教師にならない――146
92 親・家族が子どもの学習に関心をもつ――148

Ⓞ 人や社会とのかかわりを意識させる――149

93 進路指導・生き方指導・キャリア教育を充実させる――150
94 将来の夢と関連させる――151
95 仕事とのかかわりを考えさせる――152
96 研究や開発との関係を考えさせる――153
97 世界の平和や人類の幸福とつなげる――154
98 ボランティア体験をさせる――155
99 前向きな態度を育てる――156
100 壁・困難・不安を突き破るたくましさを育てる――157

1章

学ぶ意欲の意味と役割

1 学ぶ意欲の意味

現在、確かな学力は、「知識や技能に加え、学ぶ意欲や、自分で課題を見つけ、自ら学び、自ら考え、主体的に判断し、行動し、よりよく問題を解決する能力や態度（原文では「資質や能力など」となっているが、筆者の意図で変えた）」と定義されている。そして、その中身として「課題発見能力、思考力、判断力、表現力、問題解決能力、学ぶ意欲、知識・技能、学び方」が示されている（中央教育審議会答申 配付資料 平成一五年一〇月）。

このように学ぶ意欲は、今や学力の中身の一つと考えられている。ところで、学ぶ意欲とはどのようなものであろうか、その意味を読み解いてみよう。

(1)「意欲」の意味

① 心の欲するところ。何かを得ようと思うこと。種々の動機の中からある一つを選択して

これを目標とする能動的意思活動。積極的にやろうとする意思。

② 積極的に何かをしようとする意思。意欲とは、その人の意向とか、意見といった場合と同じく、一人一人の人間特有の心の動きである。意思には、会社の意思決定とか、社会の意思などと個人をこえたところから、個人に共通の精神活動を求める強要的な押しつけがましい面があるのに対して、意欲は、もともと生物体としての人間一人一人に内在する世俗的な欲求を含んだ精神活動である。

③ いかに能力があっても、それを使おうとする気持ちがなければ、その能力は生かされないし、また、目標があり、そこに到達しようとする気持ちがなければ、一貫した、そして持続した行動は起きてこない。

このような、行動を起こさせ、一定の目標へ方向づける働きをするものを「動機」あるいは「動機づけ」と呼ぶが、一般的には、「やる気」とか「意欲」ということができよう。そして、学ぶ意欲には、次の三つの性質が含まれている。

○積極性・能動性……他人から言われたり、強制されるのではなく、自発的、積極的に学習に取り組もうとする。

○内発性……目標は学習することにある。何のためにというのではなく、知りたい、わかりたい、学習したいという動機から学習活動が内発する。
○価値志向性……知らないことを知ることができるようになる。わからなかったことがわかるようになる。できなかったことができるようになる。使えなかったことが使えるようになる。さらに、そうなることは、自己を伸ばし高めることになるという「学ぶことの価値」を志向した、あるいはそれに支えられたものである。

(2)「学ぶ意欲」の意味

① 学ぶ意欲（自ら学ぶ意欲）とは、新たな課題などを見つけ、それをよりよく解決したり、よりよいもの、より確かなもの、より納得のできるものを目指して追究し続ける態度に支えられるものである。
② 学ぶ意欲には、「教師や保護者から与えられた課題に自発的に取り組む学習の場合」と「教師や保護者から言われたことではないのに、自分が好きでする読書とか、蝶を追いまわして図鑑で調べるなど自発的にする学習」の二通りがある。
③ 学ぶ意欲とは、何らかの学習目標（課題、問題）を達成するために、学習行動を企画し、

判断し、行動し、継続し、集中する意志である。

④ 学ぶ意欲ということを、ごく素直に考えれば、学校で教えようとしている内容を自ら学ぼうとする意欲ということになろう。学ぶ意欲ということを、自分の学習を進める、あるいは阻止する心理的統制の一つとしてみると、この学ぶ意欲とは、学習に対する自己統制の問題としてもよい。

⑤ 学ぶ意欲とは、何らかの学習への欲求を選択し、それを実現しようとする心の働きである。すなわち、学習者自身が意志的、自発的に学習活動を求めようとする働きであり、学習活動に対する欲求とその実現を含んでいる。

2 学ぶ意欲の役割

子どもの多くは、一応、学習はするものの「学習が好きでない」「学習したことが役立つと思っていない」「将来、学び続けていきたいと思っていない」などという驚くべき実態が報告されている。私たちは学ぶ意欲の役割を再認識し、質の高い学力を身につけ、生き方や生きがいにかかわる重要なこととして、子どもたちの学ぶ意欲を高めることに努力する必要がある。

(1) 学力の中身としての学ぶ意欲

児童指導要録では、学力の中身を「関心・意欲・態度」「思考・判断」「技能・表現（または技能）」「知識・理解」としている。これら学力を構成する四観点の趣旨を整理すると、次のようになる。ここでは「関心・意欲・態度」を学ぶ意欲と読み替えても、おおむねよいと思われる。

○関心・意欲・態度……学習内容や学習活動に関心をもち、進んで問題（課題）に取り組もうとしている。
○思考・判断……自ら考え、主体的に判断し、問題（課題）を解決（達成）したり、創造したりすることのできる力を身につけている。
○技能・表現（または技能）……仕方、考え方、判断したことを、表現したり、処理したり、行動したりする技能を身につけている。
○知識・理解……問題（課題）を見つけ、解決（達成）の仕方を考えたり、判断したりするために必要な事柄について知識などの意味を理解している。

(2) 学力の向上を支える学ぶ意欲

これからの学校教育においては、激しい変化と多様な価値観の出現が予想される社会に生きる子どもたちが、自分で課題を見つけ、自ら学び、自ら考え、主体的に判断し、行動し、よりよく問題を解決できる能力や態度を身につけることを重視する必要がある。このような教育を実現するためには、子どもたちの内発的な学ぶ意欲を高めることが求められる。

知識・技能などの狭い意味での学力を伸ばす場合でも、関心・意欲・態度（学ぶ意欲）に代表される情意的基盤が必要である。知識・技能などを指導する場合には、それに関連した関心・意欲・態度を同時に喚起しなければ、かたちだけの学習をしていても身につかない。

また、情意面（関心・意欲・態度、学ぶ意欲）が先に喚起され、それが認知面（知識・技能、思考・判断など）の学習を効果的に成立させていくことになる。逆に、深い理解にもとづいた知識、十分に原理を理解した上で習得した技能、じっくり考えぬく思考活動などによって、認知面の満足した学習体験が、情意面のいっそうの喚起を促し、さらによりよき学習活動につながっていくという好ましい循環になっていくこともある。これらの関係を図に示すと、次のようになる。

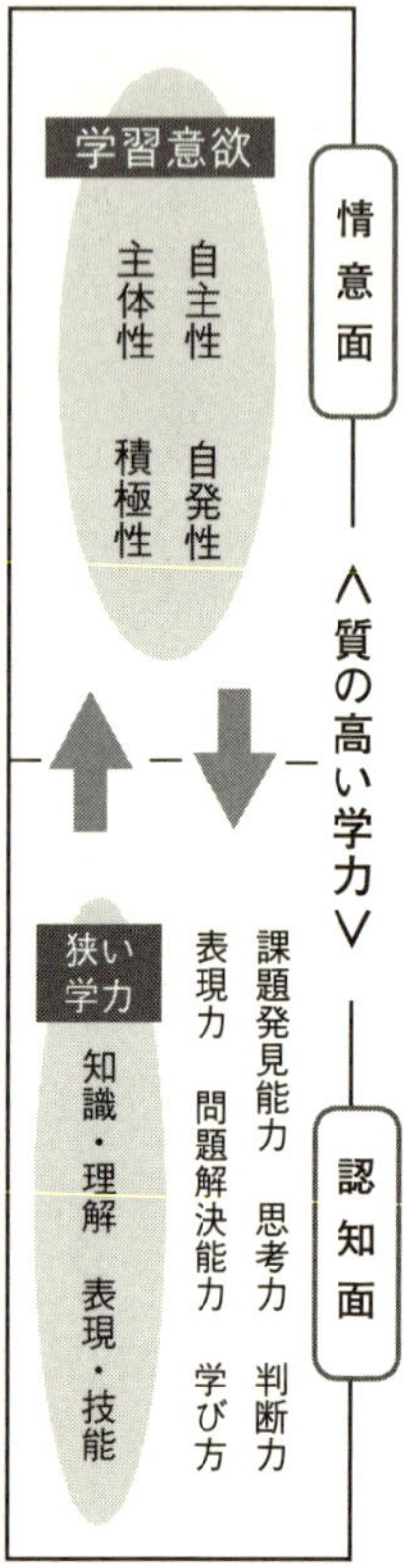

(3)　生涯学習を支える学ぶ意欲

生涯学習社会の到来によって、学ぶ意欲がいっそう重要視されるようになった。自分で自分の学びをコントロールして、自らが何をどのようにして学習していったらよいかを積極的に見つけ、選択し、実行する意欲と能力が必要になったからである。生涯を通じて自己の充実した、しかも生きがいのある生活と成長を実感できるような人生を送ることができるようにするためには、その原動力である学ぶ意欲が不可欠である。

つまり、単に知識や技能、思考力を身につけ、それを活用して問題解決や創造活動ができるようになるだけでなく、学校の教育目標の一つの柱に何らかのかたちで学ぶ意欲を位置づけ、人間的な構えとして、たとえば次のようなことを指導し、高めることが大切である（高野清純編

『無気力』教育出版 一九九六、桜井茂男『自ら学ぶ意欲を育む先生』図書文化 一九九八)。

○学び方やものの考え方
○ものの感じ方や捉え方
○人や社会、環境とのかかわり方
○対象とのかかわり方
○学習することの有用感や価値
○学習したこと(知識・技能、考え方)の正しい活用の仕方、活用しようとする態度
○自分の目標や将来の夢とのかかわり
○生きることとのかかわり
○自分のしたいことや仕事とのかかわり

2章

学ぶ意欲の実態

子どもの学ぶ意欲を高める方法を考えていくとき、その実態を捉え、事実とデータに基づいて進めていくことが重要である。この章では、学力調査に付随して質問紙調査をした子どもの学ぶ意欲の実態、教育関係者が経験的に捉えた学ぶ意欲の特徴を整理して示すことにする。

1 学ぶ意欲の実態

国立教育政策研究所教育課程研究センターが実施した「小・中学校教育課程実施状況調査」によると、学習に対する児童の意識は次のようになっている。

各教科別、学年別の「勉強が好きだ」の肯定的回答（そう思う、どちらかといえばそう思うを合わせたもの）をしている子どもは次ページの表のようになっている。平成一三・一五年度に約二一万人に実施したものである。（　）内は、平成一三年度の結果を表している。この二回の調査から、学ぶ意欲は若干上向いているとみることができる。

区分	小学校五学年	小学校六学年
勉強全体	四五・三％（三九・八％）	三九・八％（三三・八％）
国語	五八・五％（五八・四％）	五二・九％（五四・二％）
社会	五四・七％（五二・三％）	五六・九％（五四・一％）
算数	六一・八％（五三・九％）	五九・二％（四七・三％）
理科	七四・二％（七一・九％）	六四・一％（六五・〇％）

また、すべての教科で、「勉強が好きだ」と回答した子どもは「勉強が好きではない」と回答した子どもより調査問題の平均得点が大きく上回っていて、学ぶ意欲が学力とかかわりの深いことを示している。

なお、ＴＩＭＳＳ（ＩＥＡ＝国際教育到達度評価学会）の調査では、日本の子どもの「数学の好き嫌い」には次のような傾向があった。

○**第二回調査**（一九八〇～八一年）……対象は中学校一年で、得点は高いのに「文章の問題を解くことが好き」な子どもが三五％しかいないなど、「数学を嫌い・楽しくない」と答える生徒が多かった。

○第三回調査（一九九五年）……対象は小学校三・四年、中学校一・二年で、小・中学生とも得点は高いのに、「算数・数学を嫌い」な子どもが多く（小四で二九％、中二で五三％）、「楽しくない」という傾向が見られた。

○第三回の第二段階調査（一九九九年）……中学校二年に同様の調査が行われ、「数学が好き」な生徒の割合が九〇％以上のマレーシアなど三か国、八〇％以上の南アフリカなど五か国、七〇％以上の一四か国に遠く及ばず、四八％で下から二番目であった。国際平均が七二％であることから、数学だけの調査とはいえ、日本の子どもの学ぶ意欲の低さは特異である。

ただし、この調査では、「好き・嫌い」と「数学の得点」は各国間での相関はないが、各国の国内での「好き・嫌い」と「数学の得点」には相関があるということである。

2 学ぶ意欲のある子どもの特徴

学ぶ意欲の高い子どもは、いろいろな特徴をもっている。これを、辰野千尋（『学ぶ意欲の高め方』図書文化 一九七七）の分類を参考にして、整理してみる。また、このことは奥田眞丈（『学ぶ意欲の高め方の研究』(財)教育調査研究所二〇〇六)の調査においても、類似の傾向が確認されている。

向上心	社会的人間的欲求
・自分の目標を設定することができる。 ・努力(一生懸命)すれば成功する(できる)と思っている。 ・自分としての最高の達成を目指している。 ・失敗したことは、自分の責任だと考えて、乗りこえようとする。 ・わからないことがあると自分で調べるか、質問している。 ・自分のできること、できないことが自己評価(メタ認知)できている。 ・もっと勉強してわかるように(できるように)なりたいと思っている。	・仲間から認められたいと思っている。 ・学習を楽しんでいる。 ・悩みはあるが、気にはしても苦にしていない。 ・友達に優しくしたり、協力したり、仲よくしたりできる。 ・尊敬する人・あこがれている人のようになりたい、認められたい。 ・友達や教師から認められている、かかわりがうまくいっている。 ・友達に聞いたり、教えたりしている。 ・自分の学習の結果を発表したり、感想を求めたりしている。

	持続性	忍耐力	自発性	
	・ねばり強く最後までやりぬく。 ・困難なことも投げ出さないで根気よくやりとげる。 ・熱中している。 ・学習したことを、もっと深くやろうとしている。	・取り組んだことに、他の欲求をおさえて我慢して打ち込む。 ・じっくりと考える。 ・時間がかかってもやりとげる。 ・失敗にくじけず、やり直したり、別の仕方をしたりしてやりぬく。 ・自分の目標を途中で変えない。	・人に言われなくても自分から進んで取り組む。 ・何にでも進んで取り組む。 ・自分から表現し、発信し、質問し、話し合うことができる。 ・読書をよくする。	・人に頼らず、自分で解決する。

主体性	行動性
・納得できないことはやらない。 ・自分独自の仕方でやろうとしている。 ・自分に自信をもっている。	・意識しないでも学習ルールを守ることができている。 ・おおむね忘れ物をしない。 ・予習・復習・練習・宿題をよくする。 ・友達や先生の話を意識して聞くことができる。 ・チャイムを守り、授業の準備ができる。 ・ノートの取り方、仕事、作業がおおむね丁寧で、きちんと仕上げようとしている。 ・新しいこと、珍しいことに関心が高い。 ・約束したことを一方的に破棄しない。 ・整理整頓がだいたいできている。

学ぶ意欲のある子どもが、これらのすべてを備えているということではない。内容や活動、教材、指導法などとのかかわりで柔軟に捉えていくべきものであろう。

3 学ぶ意欲がないと見える子どもの特徴

学ぶ意欲が明らかに低い子どもがいるとともに、ある時・ある事柄をきっかけとして学ぶ意欲が高揚する例が少なくない。そこで、ここでは、学ぶ意欲が「ない」のではなく、「ないと見える」子どもの特徴を列挙してみる。

まず、前節で、学ぶ意欲のある子どもの特徴を整理したが、その裏返しが学ぶ意欲がないと見える子どもの特徴と捉えてよいと思われる。そこで、学ぶ意欲のある子どもの特徴の裏返しとの重なりを配慮して特徴を整理してみることにする。

評価

- 自分はだめだと思い込んでいる。
- 自分のできること、できないことが自己評価（メタ認知）できていない。
- 自分のすること（目標）が設定できない。
- 自分は何をしたらよいかがわかっていない。

	有能感	行動特性
・肯定的評価（認められた・ほめられた）の体験が少ない。 ・否定的評価（強く注文をつけられた、間違えて叱られた）の体験が多い。 ・友達から認められた体験が少ない。	・自信がなく、失敗を恐れ、臆病になっている。 ・自分にはどうせできないと、はじめからあきらめてしまう。 ・自分にもなんとかできそうだと思えることがほとんどない。 ・友達と違っていることが気になって、のびのびと学習できない。 ・失敗体験がトラウマになっていて、できそうにないことには手を出そうとしない。 ・失敗を克服して感動した体験がない。 ・成功して、「自分にもできるのだ」と感動した体験が少ない。	・自分はこうしたいと主張できない。 ・自分のしたいこと、自分の希望を自己決定できない。 ・友達から言われて行動することが多い。 ・忘れ物や整理整とん、生活リズムなど基本的な生活習慣があまり身についていない。 ・話を聞く、準備をする、さっと取り組むなど、学習ルールが身についていない。 ・失敗したこと、うまくいかないことの原因を他人のせいにすることが多い。

・「めんどう」「疲れる」「かったるい」と避けてしまうことが多い。

なお、当然のことながら、学ぶ意欲の高い子どもは、学習の内容が「わかり、でき、考えることが好きで、学習したことが活用できる」ので、自信をもっている。これに対し、学ぶ意欲の低い子どもは、「わからない、できない、考えるのが苦手で、学習したことを使って問題が解決できない」傾向があり、それを子どもたちは、「めんどう」で「疲れる」から学習が嫌いだとねじれた言い訳をしている（前出『学ぶ意欲の高め方の研究』）。

3章

学ぶ意欲を高めるポイント

1章では学ぶ意欲の意味と役割を、2章では学ぶ意欲のある子どもとないと見える子どもの特徴を整理した。それらをふまえて、本章では、学ぶ意欲を高めるいくつかのポイントを紹介するにとどめ、具体的な方法は4章にゆずる。

子どもの学ぶ意欲を高め学力を向上させようとするため、朝ご飯を食べさせて登校させるようにと保護者に要望することは昔からあった（麻布台学校教育研究所『所報第七七号「学力問題と、これからの学校教育」』四一～四六ページ）。

誤解してならないことは、朝ご飯を食べてくる子どもの多くが学力が高い（低い子どももいるのであるが）からといって、努力を要する子どもに朝ご飯を食べさせるようにしても学力が向上するとは限らないということである。

したがって、子どもの学ぶ意欲を高め、質の高い学力を定着させるためには、さまざまな視点から考察し、さまざまな方法を用意し、子どもの生活、学習、個性などに応じた手だてを打つことが大切である。

1 学校のすること

子どもの学ぶ意欲を高めるために、学校は大きな役割をもっていることをまず自覚し、授業を充実させることである。学力調査の結果に翻弄されて、ドリル学習と朝学習に頼っていては、大人は満足できても、子どもは「学ぶことの楽しさ」から遠のくばかりである。

ポイント① 学力の中身を確認する

学力の中身として大方の支持を得ているのは、文部科学省が確かな学力の要素として示した「課題発見能力、思考力、判断力、表現力、問題解決能力、学ぶ意欲、知識・技能、学び方」を拠り所とした「考え方、判断力、表現力、問題解決力（学習したことを使って問題を解決する力、新しいことを生み出す力）、知識、技能」である。

「基礎学力の定着が大切だ。基礎学力とは『読み・書き・計算』だ。だから、読書、漢字の読み書き、四則計算をドリル学習で定着させることが重要だ」と主張する人が少なくないが、本当だろうかと問い直す必要があるように思われる。

　子どもの学ぶ意欲を高めるためには、学校（教師）が、学力の中身を「考え方、判断力、表現力、問題解決力、知識、技能」と捉え、子どもを知識・技能のドリル学習という程度の低い学力に閉じ込めないことである。

ポイント②　教師が学び合う組織にする

　子どもに質の高い学力を定着させたい、心の教育を充実させたい、生活指導を徹底したい、体力を高め・健康をつくる教育を進めたいという共通の目標に向かって、教師集団が組織的に学び合う学校でありたい。

　教師集団が、組織的に、明るく元気に、前向きに教育活動や研究活動を進めているあたたかい雰囲気は、子どもの心を安定させ、学ぶ意欲を高める前提条件となるからである。

2 学級担任のすること

子どもの学ぶ意欲を高めるために、教師（学級担任や教科担任、養護教諭）のかかわりは絶大である。子どもが学校生活の中でいちばんかかわる時間の多い学級担任はことさらである。

ポイント③　授業の質を変える

「教師が教え、子どもが黙って聞いて理解し、わかったら練習して覚える」という授業はペーパーテストを中心とする学力調査や入学試験に強い子どもを育てることはできるが、内心だれもが求めている質の高い学力と大きくかけ離れている。

ある問題（課題）を考え、解決する過程で発想したことが考え方となり、わかったことが知識となり、用いた仕方が技能となるのである。ここで整理された考え方、知識、技能は、次の段階で既習事項として活用され適用問題や発展問題を解決することによって定着していくのである。そして、これにとどまらず新しい問題（課題）を解決することに活用され、さらなる考え方、知識や技能を生み出していくのである。

ポイント④　授業を成長の場とする

子どもは、ドリル学習や宿題で成長するのではない。教師と子どもと教材のかかわり合いの中で成長するのである。したがって、学習問題（課題）に対する子どもの取り組みの状況、反応に対してきめ細かく支援・指導していくことが必須である。全くわからない子どもにも、つまずいている子どもにも、できて手持ち無沙汰になっている子どもにも適切な支援・指導が必要である。

どの子どもにも昨日よりは今日のほうが考えるようになった、わかるようになった、できるようになった、活用して問題が解決できるようになったという手応えを与える授業、子どもが成長する授業であれば、子どもの学ぶ意欲は高まるであろう。

ポイント⑤　肯定的評価を中心にする

「教室は間違えるところだ」と大きく掲示しても子どもは変わらない。そんな教室に限って正解の子どもが活躍し、間違った子どもは「学び合い」という名のもとに正解の子どもから一方的に教えられて寂しい思いをしている。

教師が子どもの発想、考え方、仕方を丁寧に観察し、そのよさ、つまずきの中にある光るもの、つまずきの原因などを見抜くことが重要である。「合っている、間違っている」という単純な区分けのみで子どもを見取るのは、プロの教師としてあまりにも悲しい。

そこで、肯定的評価をすすめたい。具体的には、正解の子どもにはどこがよかったかを知らせて大きくほめ、もっとよくなるために小さな注文をつける。つまずいている子どもには、つまずきの原因を知らせ、どのようにしたら乗りこえられるか支援・指導する。間違ってがっかりしている子どもにはどこで間違ったのかを一緒に見つけ出し、どのようにしたら正しくなるかと前向きに取り組めるように支援・指導する。特に、つまずいている子ども、間違っている子どもの発想や工夫の中の小さな光るものを見つけ、みんなに知らせ、その価値を共有することが重要である。

ポイント⑥ 教師が子どものモデルになる

子どもは学級担任に似るとよくいわれる。動作、文字の書き方、人とのかかわり方など子どもの姿振る舞いを見るとだれが担任か想像できるくらいである。ということは、学ぶ意欲についても同様のことが類推できる。

したがって、教師、特に授業を直接担当する教師は、自分自身が子どもに対して「学ぶ意欲を高める」ことのモデルになっていることを自覚する必要がある。教師としての自分の学ぶことに対する姿勢、学び方、学んだことが役立っていること、学ぶことが楽しいことなどをさりげなく、ときに意図的に子どもたちに発信していくことが求められる。

学ぶ意欲のないマンネリ化した教師、学ぶことを停止した教師が、子どもの学ぶ意欲を高めようとすることは滑稽であるし、成功しない。

3

学級担任と保護者が協力してすること

学ぶ意欲を高める前提となることで、学級担任と保護者が協力して行うと効果があると思われることがいくつかある。実に簡単なことだが、定着させ、継続させることはそう簡単なことではない。

ポイント⑦　仕事をさせる

指示した小さな作業をいくらさせても能力や態度は育ちにくいといわれている。段取り（見通し）を考えて進める仕事をさせることが大切である。学校では、係活動や当番活動をさせることが、ここでいう仕事に当たる。家庭では、「手伝い」といわれているもので、その子どもに可能な責任をもたせてできる仕事をさせるのである。

物事の目的、それを実行する段取り・計画、自分の考えや工夫など、学ぶ意欲を高めることにつながる多くの体験をさせることができる。

ポイント⑧ 正義感を育てる

学ぶ意欲は、物事に対する誠実な感性をもっている子どもと大きくかかわっていると考えられる。自分を素直に見つめられるようにするために、次のようなことを中心に正義感を学校でも家庭でも育てるようにしたい。

その第一は、言い逃れをしてごまかそうとしないこと。第二は、暴力によって物事を解決しようとしないこと。第三は、人や社会や環境に迷惑をかけないこと。この三つは、子どもが現在を、また将来を人として生きていくための基本となることである。

ポイント⑨ 正しい言葉をつかえるようにする

人間は言葉をつかって考え、伝え、楽しく交流したり、高め合ったりしている。挨拶をすること、正しい言葉づかいができることは、大変重要なことである。

自分の考えや感じ方がまとめられない。友達や先生、家族にうまく伝えられない。人とうまくかかわることができないとしたら、安定した心で物事にかかわれないであろう。そこで場にふさわしい挨拶ができ、正しい言葉づかいのできる子どもにしつけ、学習に前向きに取り組めるようにする前提条件を整えるようにしたい。これは、学校でも、家庭でも、大人が励行していれば子どもは見よう見まねでできるようになるものである。

ポイント⑩　話すこと・聞くことができるようにする

学ぶ意欲のない子どもの多くは、学習そのものがうまく進められないことが多い。その原因の一つは、友達や教師など人の話を聞いたり、自分の思いや考えを話したりすることができないことである。

そこで、学校でも、家庭でも、自分の言いたいことは「伝えようと意識して話す」、相手の話は「聞こうと意識して聞く」ことをしつけるようにする。もちろん、教師も家族も、子どもの「話すこと」や「聞くこと」のモデルになって、子どもの話は聞き尽くし、子どもにわかるように明解に平易に話をすることが求められる。

4

保護者のすること

保護者に子どもの学ぶ意欲を育てることを求めるのは、無理な要求をすることになるような気がする。しかし、もし、このようなことを十分に意識してもらえたらたぶん効果が上がるだろうと思われることを挙げてみる。保護者会などで話題にするのもよいだろう。

ポイント⑪　学校の出来事の話し相手になる

その日の学校の出来事を子どもは家族に話したがるものである。遊びのこと、喧嘩したこと、勉強のこと、ほめられたこと・叱られたことなどさまざまである。これらをじっくりと聞き、子どもががんばったこと、進歩したこと、友達に親切にしたことなどを大きくほめてほしいのである。特に、努力したこと、最後までがんばったこと、我慢して成功させたこと、そして、まずいことについては、はっきりとそれでよいのかなと問い返し、静かに諭してあげることである。

ポイント⑫　親の背中を見せる

Kさんの一家には、二人の子どもがつくった二家族に計三人の孫がいる。三人とも健康で好奇心が旺盛で子どもらしくゆったりと優しく成長している。そして、いつも、よくもこんなに親に似たものだと感心させられることがあるという。

子どもは親の背中を見て育つとはよく言ったものである。だからといって、肩に力を入れる必要はないが、親は子どもに見られ、モデルになっていることを、ときに意識して明るく、元気よく、前向きに生涯学習を実践してほしいものである。子どもは親をモデルにして、学ぶ意欲の灯をともすに違いない。

ポイント⑬　愛情をかたちで示す

子どもの心を受けとめ、優しく本物の愛情で包み込むことは、もちろん何よりも大切なことである。しかし、愛情をかたちで表すことが重要であると考える。それは、第一に、子どもの生活リズムを守り、十分な睡眠時間を取らせることである。第二は、おおむね決められた時刻に食事をさせること、特に朝ご飯は必ずとらせるようにする。第三は、洗濯した衣服を着せるなど清潔や健康に気を配ることである。

これらは、学ぶ意欲に間接的に大きく影響していくはずである。ここに挙げた三つのことは、先輩の三石仁先生から四十年も前に教わったことであるが、自分でも多くの子どもの成長にかかわってきた体験から確信している。

5　地域社会にできること

地域社会（地域住民）の子どもへのかかわりは、学ぶ意欲を高めることにそれなりの役割を演ずることがある。漫画家の池田理代子さんは、子どものころ自宅前の道路にクギで絵を描いているうと通りがかりの大人が覗き込み、「ほんまに上手やねぇ」とほめてくれたそうである。本人に確かめたわけではないが、漫画家につながる何らかの意欲づけになったと思われる（『朝日新聞〝be on Saturday〟』二〇〇五年九月二四日）。

ポイント⑭　地域の子どもに関心をもつ

いけないことはいけないとはっきりと諭し、よいことはよいと認めてほめる地域の人は、子どもにとって大事な存在である。勉強だけでなく、むしろ勉強以外のことで、子どもに関心をもち、話題にしたり、ほめたり、叱ったりするあたたかい人間の和（輪）は宝物である。

地域で働き、かかわり、楽しみ、悲しみ、いたわり合う大人の生き方は、子どもの好奇心を刺激し、学ぶ意欲を高めることにつながっていくはずである。

6 学校・家庭・地域が承知しておきたいこと

「挨拶をしない子どもは『社会性が育っていない』と見ることは間違いないし、もし違っていても困ることはない」。一方、「挨拶のできる子どもは社会性が育っていると判断した場合は、間違っていることがある」。そして、問題行動が起こったときに、学校（教師）は、「気づかなかった」「ごく普通の子どもだった。戸惑っている」というコメントを発して、「学校は何をしているのか」と世間やマスコミから厳しい批判を浴びているということである（滝充国立教育政策研究所生徒指導研究センター総括研究官『日本教育新聞』二〇〇五年一〇月一〇日）。

このことは、「早寝・早起き・朝ご飯」にもそのまま当てはまる。これらができないで登校してくる子どもの中には、家族との生活、生活習慣や考え方の未熟さ、自立の不徹底さ、生活リズムや行動の乱れなど問題点がいくつも見つかり、学ぶ意欲の低さを認められる。だからといって、「早寝・早起き・朝ご飯」ができるからといってすべてよしということではない。

子どもの健康を守ることや学習をはじめる前提として大切ということであって、何らかの関係は否定しないが、どのような状況のもとでも学ぶ意欲の低い場合も高い場合もあるということで、ある条件が満たされればある事柄が保障されるかのような錯覚を起こしたくないものである。結論的には、充実した授業の中で好ましい学習体験を通してこそ学ぶ意欲の高まることを、すべての人、特に学校（教師）は承知しておきたい。

4章

学ぶ意欲を高める100の方法

A 教科の学習意欲を育てる

学ぶ意欲は各教科、特に、学力調査や入学試験に関係のある国語、社会、算数、理科などで話題になることが多い。知識を覚え、技能に習熟させるだけでは、あるいはそれだけを目指していては、学ぶ意欲は高まっていかない。各教科のもっている魅力、特性、おもしろさに触れさせなければ、もっともっと学びたいという、学ぶ意欲にはなっていかないのである。

ここでは、各教科の特徴に根ざした学ぶ意欲の高め方について紹介する。これらをヒントに国語の好きな子ども、社会科や算数の好きな子ども、理科の好きな子どもを育ててほしいと願うものである。なお、このようなことが学ぶ意欲を育てることになるという具体的な方法については、Ⓑ以下で詳細に紹介する。

学ぶ意欲の高い子どもは、よくわかり、よくでき、自信のある場合が多い。だから、わかりやすく説明した上でドリルをたっぷりさせて、できるようにすればよいと考えがちである。しかし、朝学習、授業のはじめ、放課後のドリル、その上、宿題もドリルと追い立てられている子どもが、学習することに好感をもつことはまれである。わからせ方、できるようにする仕方などに、工夫が必要なのである。

1 書くことの好きな子どもにする（国語）

書くことが好きでないという子どもは意外に多い。表現すること、特に書くことはすべての学習の基礎になる。したがって、書くことを好きにすることは重要なことである。

特に、国語の作文が嫌いな子どもは多い。算数で、「どのように考えたのか説明を書いてごらん」といわれると顔をしかめる子どもがいる。実験や観察は楽しいのに、「わかったことや気づいたことをノートに書くこと」がいやなのだと子どもたちは口を揃えて言う。

これは書くことを特別なことだと思い込ませてきた教師の側に原因がある。そこで、作文、詩、俳句、日記、手作り童話、絵手紙、説明、伝言等書くことは普通のこと、書くことは楽しいこと、書くことは自分を表す素敵なことだと思わせることが大切である。

① 書く活動を日常化する

書くことは時間がかかる。授業が予定通り進まないと困るので、プリントを用意したり、発言で済ませたりして、書くことを省略しがちである。また、まだうまく表現できないからと先送りすることも多い。

そこで、一年生のときから、自分の考えたこと、気づいたこと、意見、感じたことなどをノートに書き、それをもとにして発表するようにさせる。最初は、単語だけだったり、短文だったりするが、それを責めることはしないで、自分の思いが表現されていること、しようとしていることを認め、ほめ、表現することの抵抗感を薄めていくようにする。

② 短作文を取り入れる

はじめは、数個の文で表現する短作文を取り入れ、いろいろな場面で考えや感じ方を表現させるようにする。漢字や言葉のつかい方、表現の仕方など細かいことは後回しにして、表現しようとしたこと、表現できたことを最大限に評価する。よいものをみんなに紹介し、ときに典型的な表現例を知らせ、「ああ、あのようなことでいいのか」というモデルを示すようにする。

③ 丁寧に評価する

作文や表現では、目的に応じた見取りと評価をすることが大切である。「環境についての意見」を書かせたのに、漢字と言葉の間違いを指摘して「もっと字をきれいに書きましょう」では、子どもは書くことが嫌いになってしまう。ねらいとしたことを重点的に評価し、よい点をほめ、もっとよくなるために注文をちょっとつけるようにすることがポイントである。

④ 作品にさせる

節目節目で書きたいだけ書く作文やポートフォリオを作らせて、作品にさせるようにする。それを文集にしたり、展示したりして、互いに学び合ったり、担任はもちろんのこと友達や家族などから感想をもらったりする。子どもは、書くこと、表現することが好きになっていく。

2 読書の好きな子どもにする（国語）

① 興味をもったジャンルをスタートにする

はじめは読書の対象になる「本」を限定しないで、漫画、童話、小説、図鑑、雑誌など関心をもった本を好きなだけ読ませる。

② 教材文を広げる

授業で扱った教材文の原典、同じ作者の作品、似たような本を紹介して教材文を広げるようにする。ときには図書館に連れて行き、立ち読みをさせたり、座ってじっくり読ませたりする。

③ 読み聞かせをする

朝の時間や雨の日の休み時間などに読み聞かせをして、本を読むことに関心をもたせる。ボランティアの協力を得て、内容にのめり込む体験をさせることも有効である。

④ 学校と家庭との協力

教師がタイムリーに子どもの発達段階や興味に合った本を紹介したり、友達どうしで情報交換をしあったりする。また、教師自身が読書をしたり、情報検索に本を活用したりして、モデルになることが重要である。なお、読書感想文は最小限にして、本を読むことが好きになることを優先する。家庭にも協力を依頼して読書を奨励する。

3 調べることの好きな子どもにする（社会・総合的な学習）

① 何でも調べることを奨励する

教師が率先して、わからないこと、曖昧なこと、どのようになっているのかと疑問に思ったことは、直接当該者に聞く、地図や図鑑で確認する、パソコンで検索する、いろいろな資料で調べてみるようにする。子どもにも奨励し、そのような行動をしたら大きくほめる。

② 調べたことをまとめさせる

調べたことは、テーマ、内容、調べ方、わかったこと、自分の考えなどにまとめさせるようにする。その際、「写した」のではなく、調べたことをもとにして「自分の考えでまとめた」ことを評価し、そのような子どもの作品を紹介して、ほかの子どもにも方向性を与えるようにする。

③ 課題を選択させる

いつも教師が与えた課題ではなく、しだいに子ども自身が課題を選択したり見つけたりできるようにする。自分で見つけた課題を追究することは楽しいものである。

④ 自分でしたことの価値を知らせる

調べることとは、根気のいることである。自分から取り組み、自分で調べたことは、世界でたった一つの素晴らしいものであることを自覚させ、大事にさせるようにする。

4 考えることの好きな子どもにする（算数）

考えるとは、課題（問題）の達成（解決）の方法を見つけ出す営みである。考えるという営みは、学習したこと（既習事項や既有経験）がそのまま使われたり、再構成されたり、新たな事柄が加えられたりして進められる。

① 問題解決学習を進める

問題（課題）解決学習は特別な学習ではない。教師が与えたか、子どもに選択させたか、子どもに設定させた問題（課題）を、まず、子どもに自力解決させ、それを集団で討議し学び合わせるという学習である。教え込まないで、子どもにできるところまで自分で解決させることによって、考える力と態度が少しずつ育っていくのである。

② 目標（課題、問題）を理解させる

学習は、何を解決（達成）するために、何をすればよいのかを明確に把握できていなければ開始することができない。つまり、学習の目標を理解させることは学ぶ意欲に大きくかかわる。

③ 子どもの発想を受けとめる

正しくできたか、速くできたかを競うことは後回しにして、子どもがどう発想したか、どんな工夫をしているか、小さなキラリと光るものはないかと、子どもの反応を肯定的に評価してよさ

を認め、励まし、よりよくしていくために、つまずきを乗りこえるために注文をつけるあたたかい受けとめと支援・指導をねばり強く続けていくようにする。

④ 既習事項を活用させる

考えることによって問題が解決できたとき、子どもは考えることの必要性や楽しさがわかり、考えることが好きになっていく。そして、考える際の有力な手だてになる「既習事項」を活用することを奨励していく。そして、既習事項を使っていたら認め、ほめ、みんなに紹介していく。

また、子どもが無意識のうちに既習事項を使っていたら、そのことを取り上げ、意識させるようにする。学習のまとめをきちんとして、知識・技能、考え方が、既習事項として定着しやすくすることが大切である。

⑤ 「考え方」を表現させる

「正しい答えが、素早く出せればよい」と、子どもにアルゴリズムだけをひたすら暗記・練習させる教師がいる。処理をする機械ではなく、考える人間に子どもを育てるのが教育である。

そこで、「このようにした、こう考えた、こんな工夫をした」と自分の解決の過程を説明したり、「……だから〜〜です」と根拠を挙げて説明したりする機会をつくるようにする。ただし、学年の発達段階に即して、作業的な活動、図や数直線、式、記号、文で表現したりなど徐々に高めていく。考え方が語れるようになると、考えることが好きになっていくものである。

5 実験や観察の好きな子どもを育てる（理科）

① じっくり見つめることを奨励する

子どもは昆虫や草花、星、天気などに興味を示す。これを大事にしながら観察させる。そして、わかったことや気づいたことを認め、ほめ、じっくり見つめることを奨励していく。その過程で、ちょっとメモをしておくと後で役立つことを知らせ、徐々に高めていく。

② 確かめることを奨励する

実験は条件を整えることが大切であるが、はじめは、自分で確かめる、試してみるという素朴な活動を大切にし、奨励する。そして、自分で確かめたこと自体を大きく評価するとよい。実験の仕方、メモのとり方、結果の確認などは必要性を感じさせながら少しずつ指導していく。

③ 物知りだけを英雄にしない

多くのことを知っていると「○○博士」として英雄視する傾向がある。むしろ、実験したこと、観察して得たことの大切さ、じっくり実験・観察することを楽しむ子どもに育てたい。

④ 生活の中に理科がたくさんある

理科で学習する内容は生活の中に満ちあふれている。生活の中から学習内容を選択し、学習したことを生活に広げていくことによって、観察の目、実験の心が育っていくのである。

6 運動やスポーツの好きな子どもにする（体育）

学習は、国語や算数だけではない。運動やスポーツなども学習の対象に考えるべきである。したがって、運動やスポーツ好きの子どもを育てることも本質的なことである。

① 体を動かすことの奨励

子どもは体を動かすことが好きである。危険だったり健康に害のある場合以外は禁止せず、鉄棒、縄跳び、転回運動などをのびのびとさせ、奨励するようにする。

② ゲームをすることの奨励

集団で群れて遊ぶこと、ゲームをすることを奨励し、仲間と運動すること、約束を守って遊ぶと楽しいことを実感させる。たくましい体と意志が形成されていく。

③ 試合・競技をすることの奨励

試合の仕方やルールにしたがってスポーツをすると楽しく、勝っても負けても満足できることを体験させ、奨励していく。また、観戦する楽しみも知らせていくとよい。

④ 練習するとうまくなることを実感させる

運動は練習すると向上する。実現可能な目標を立てて努力させ、練習すると技能が上達することを実感させるとよい。ただし、過度な練習は逆効果なので実態に合わせて進めるようにする。

7 音楽・絵・創ることの好きな子どもにする（音楽・図工・家庭）

作品を創ること、作品を鑑賞することは学習活動であり、子どもは本来的に意欲的に取り組むものである。この傾向を妨げず、増幅させることが教師の役目である。

① 楽しむことが大切

音楽や絵、創ることは、楽しくすることが何よりも大切である。何か創ったり、描いたり、聴いたりしていること自体を認め、奨励していくことが、好きにする大前提である。

② 見通しをもたせて進める

何をしたいのか、何を創りたいのか、どのように進めるのか、大まかな見通しをもたせて進めるようにさせるとよい。思いつきを実際の活動につなげることが大事になるからである。

③ 出来ばえより発想を重視する

演奏したり、歌ったり、作品を創ったりしたとき、そのこと自体、発想の素晴らしさを認めるようにする。出来ばえを気にしたときから子どもの嫌いがはじまっていくからである。

④ 技能が身につくともっと上達する

演奏する、物を創るということは、練習して技能を高めるともっとよりよいものになっていくことを実感させるようにする。子どもは目標をもって意欲的に取り組むようになる。

8 総合的な学習の好きな子どもにする（総合的な学習）

総合的な学習では、意欲的に取り組み、自分の力で学習する態度と能力を育てることをねらっていることを再確認したい。お祭りごっこや行事の下請けでは、完全な手抜きである。

① 自分の課題をもたせる

総合的な学習では自分の課題を追究することに価値がある。はじめは与えられたものであろうと、自分の課題を意識したり、見つけたりできるようにする。課題意識は意欲の原点である。

② 自分で解決させる

指示されたとおりに進めると成功はするが感動がない。自分ですると感動はあるが出来ばえがいまひとつ気になる。そこで、教師は、自分で解決したことを最大限に評価して意欲づける。

③ 追究の過程と結果をまとめさせる

教師の適切な支援・指導によって追究した過程と結果をポートフォリオにまとめさせると、自分のしたことが形になり、達成感が得られる。次の活動の手がかりや意欲づけになる。

④ 自分なりの「受けとめ」をさせる

課題を追究した過程や結果から、自分は何を感じ、何を学びとったか、ポートフォリオに書き込ませる。教師はそれを肯定的に評価し、子どもの学ぶ意欲に弾みをつけるようにする。

9 英語学習の好きな子どもにする（英会話体験）

英語の文章はある程度読めるのに、英会話は全くできないという日本人は多い。それだけに子どもには英会話ができるようにしたいという願いには強いものがある。しかし、小学校で英語を取り入れたために、塾通いで忙しくなったり、英会話が難しいと敬遠したり、中学校に行く前に嫌いになったりする例が散見される。

①「ものおじしない子ども」で十分

外国人とものおじしないで何とかかかわれるようになればそれで十分と大人が考えると、子どもは気が楽になる。ほんの少し学習したら流暢に話せるようになると期待しないことである。

②「英会話体験」が中心

少し聞き取れた。少し通じたという体験が学ぶ意欲を刺激し、もっと通じるようになりたいという気持ちに高まっていく。ゲーム、歌、実演、文化体験など多様な体験的な学習活動を通して慣れ、親しみ、楽しさを体験させて自信につなげるようにする。

③ 英語教育はきちんとしたカリキュラムのもとで

小学校で英語教育をする場合は、中学校との接続を考えて、子どもの実態に合わせた学習を展開したい。学校の特色づくりという観点だけでは、英語嫌いをつくることになりかねない。

B 内発的な動機づけをする

Kさんの家にはニヤとアビという二匹の猫がいる。一日の大半は寝ているが、空腹になって餌をねだったりするときだけでなく、ときには昆虫や鳥を捕らえたり、動く物に関心をもってじゃれたりすることもある。ところで、Kさんの三人の孫（つかさくん、りっちゃん、やすくん）は、食事のときだけでなく、目の覚めている間じゅう、おもちゃで遊んだり、箱を壊してみたり、砂を積んで山をつくったり休むことがない。庭で何か物音がすると外へ出て、虫を捕まえたり、ナスをもいだり、穴を掘って水を入れたりしている。親から何も言われなくても次々とすることを見つけて、それぞれに熱中している。

このように動物も、それよりもいっそう人間は、生まれながらにして環境に自発的にかかわり、学ぶ意欲を発揮して自らを高めようとする存在なのである。

つまり、学ぶ意欲を高めるという発想よりも、本来、子どものもっている自発性や学ぶ意欲をよりよく発揮させ、増幅させるようにしていくことが大切なのである。そして、「ほうびをもらえる、叱られる」というような外発的動機づけではなく、子どもの内なる欲求にもとづく内発的動機づけを活用して、学ぶ意欲をいっそう高めていきたい。

10 見つけたい・探したい……「探索」

子どもは、何かないかと目新しいもの、遊びの対象になるものなどを探し回ることがよくある。こうした子どもの特性を生かし、学ぶ意欲につなげる。

① 課題を探させる

社会科のゴミの学習で、何をテーマにするか、課題を自分で設定させると意欲的に主体的に取り組む。その際、教室の中で想像させるだけではなく、街へ出て見学させて自分の目で確かめさせたり、家で実際のゴミ出しを体験させたりすると、その後の学ぶ意欲は高まる。

② いくつかの中から課題を選択させる

課題（問題）は教師が与えることが多い。自分で考えさせることが望ましいが、次善の策として、複数の課題を用意して子どもに選択させると意欲的に取り組む。

③ 探検・探索活動をさせる

学習活動の中に探検活動や探索活動を取り入れると、子どもたちはいろいろと探し回り、多くの発見をすることができ、学習活動は活発になる。探検や探索で見つけたことをもとにして進める学習は、子どもが発想の素材をたくさんもっているので具体的に進めることができる。そして、課題追究の学ぶ意欲へと膨らんでいく。

11 もの珍しさ・あれ！ 何だ？……「好奇」

珍しいもの、不思議そうに見えるものには興味をもつ。このことを活用すると、子どもの学ぶ意欲を高めることができる。

① 疑問を顕在化させ、追究する課題にしていく

珍しいもの、不思議そうに見えるものをただそれだけにしておいては学習につながらない。それを、珍しいものの正体、不思議に見えるわけなどを課題として設定させると、追究意欲に変換させることができる。

② 「不思議」を解明させる

「不思議だなぁ」を、どうなっているのか、なぜそうなのかを解明させるようにすると、単なる好奇心が追究意欲になっていく。不思議が解明でき、結果が得られれば、いっそう好奇心は膨らみ、学ぶ意欲の高まりに発展していく。

③ 導入教材の作成に活用する

以上のようなことをふまえて、導入教材や問題（課題）に、新鮮さ、もの珍しさ、不思議さを取り入れると子どもの関心を呼び込み、問題（課題）の解決（達成）に向けて学ぶ意欲を高めることができる。もちろん、その中に学習内容が適切に組み込まれていなければならない。

12 やってみたい・動かしたい……「操作」

子どもは、いじったり動かしたりしながら、どうなっているかを調べることが大好きである。このことを学習活動の活性化に利用することができる。

① 作業的な活動を取り入れる

本やインターネットで調べたり、頭の中で思いめぐらせたりするだけでなく、実際に具体物を用いた活動や作業的な活動を取り入れると学習は進めやすくなる。そして、学習がわかりやすく楽しいものになり、学ぶ意欲が高まっていく。

② 分解する・組み立てることを体験させる

子どものやってみたい・動かしたい気持ちを受けとめて、物を分解したり、組み立てたりする体験を通して学習させることができる。物事を分析したり、総合したりする活動にあたる。このことは学び方の一つであり、追究の仕方に自信ができ、学ぶ意欲の向上に役立つ。

③ わかったことを表現させる

作業的な活動や体験的な活動をさせたときは、そのことを通してわかったこと、見つけたこと、気づいたことなどを表現させるようにすることが大切である。知識・技能、考え方としてまとめるもとになり、円滑な学習活動を支えることになり、学ぶ意欲につながっていく。

13 やりとげたい・解決したい……「達成」

人、特に子どもは、やりとげたい、達成したい目標がはっきりしていると、意欲的に取り組むものである。このことから、「達成動機」を考慮して学ぶ意欲を高めることができる。

① ほどよい目標を明確に設定する

実現可能な課題、解決できそうな問題が示されると、「何とかなりそうだ。やってみよう」と子どもはいやがらずにとりかかる。ほどよい明確な目標（課題、問題）は、子どものやる気を揺さぶり、学ぶ意欲を高めることにつながる。

② 目標を達成する見通しをもたせる

ほどよい目標が設定されても、達成されなければ学ぶ意欲は態度化されない。そこで、目標を達成する方法の見通しをもたせるようにする。そして、子どもが発想した方向でなるべく実現するように支援・指導する。達成することができれば、学ぶ意欲は強化される。

③ 目標がどのように達成できたか確認させる

目標の達成の過程や結果を振り返り、どのように、どの程度達成したかを確認させると、やってみたいと取り組んだことが成功した快感を味わわせることができる。そして、次の同様な場面における意欲的な学習を誘発することになると思われる。

14 仲よくしたい・一緒にいたい……「親和」

友達から認められたい、グループに所属していたい、みんなと仲よくしたいという「親和動機」は子どもにとって切実なもので、学ぶ意欲の高揚にかかわらせることができる。

① 友達と仲よくしたい

友達と仲よくするために、積極的に学習したり、友達の学習に協力したり教えたりすることがある。また、友人関係が安定していると学習がのびのびと進められるということがある。学習も生活も、友達と仲よくできるように環境を整えることが必要である。

② 友達と一緒にいたい

友達と一緒に行動したいという欲求を、どの子どももっている。ときどき、グループ学習やプロジェクト学習を取り入れると学習の効果が上がる。そして、友達と一緒に学習するために、グループの学習に役立ちたいといっそう学習に意欲的に取り組むようになる。

③ みんなから認められたい

子どもは仲間から認められるときが、至福の時である。それだけに、友達から認められたいとがんばるし、失敗することを恐れる。子どものよさや進歩を認め、集団の中で否定的評価が固定しないように教師は配慮する必要がある。

15 尊敬・あこがれ・ああなりたい……「畏敬」

子どもに尊敬の念をもつ対象が現れると「あの人のようになりたい」とあこがれ、そうなりたいと勉強したり努力するようになる。教師にも同じ現象が見られる。つまり、尊敬する人をもつ子どもも、教師も成長するということである。

① 尊敬する人を目標にさせる

スポーツ選手、科学者、名人、芸術家、アニメのキャラクターなど、子どもの尊敬する人やあこがれの人を大切に受けとめる。そして、そうなりたいと思っているようなら、あたたかく見守り、そっと後押しをして、無理のない程度の目標にさせるとよい。本物の学ぶ意欲に成長し、ひょっとしたら実現するかもしれない。楽しみなことである。

② 教師も尊敬の対象である

「学習する」ということについて、できれば「人間」として、教師も子どもの尊敬やあこがれの対象になりたいものである。身近にそのような人が存在することは、やる気を起こさせる。

③ 頼りにされる自分を想像させる

尊敬されるというほどでなくても、友達から何かで頼りにされる自分の姿を無理なく想像させることができたら、子どもの学ぶ意欲はよい方向に変化するに違いない。

16 自分もすごい・自分には能力がある……「有能感」

学ぶ意欲のある子どもは、「私は頭がいいんだ」「私は勉強ができる」などと自分を有能だと思っているように見受けられる。このことを大事にしながら、よい方向にもっていきたい。

① 何がすぐれているか自覚させる

漠然と自分は有能だと思っているだけでは限界が来て、学ぶ意欲の減退につながる。そこで自分のどのようなところがすぐれているか、どんなことができるか等々を見つけさせ、自覚させるようにする。そして、いっそうよくなるように励ましていくようにする。

② 自分の弱い点を見つけさせる

すべての点がすぐれているとは限らない。自分の不得意なこと、まだ十分でないことをじっくりと見つめさせ、そのことも少しずつ補っていくような学習のさせ方をする。

③ これからどのようなことをがんばるか考えさせる

自分は優秀なのだと優越感に浸っているだけの子どもにしてはいけない。その有能さを自分のしたいこと、目標に向かって発揮させるように励ましていくことが必要である。

また、それほどでもないのに過信している子どもには、①と②を丁寧にさせることによって、過信を現実のものにしてやるような支援・指導が必要である。

17 自分にはできる・自分ならだいじょうぶ……「自信」

物理的に不可能だといわれていた、世界一細くて痛くない注射針をプレス加工でつくることに成功した岡野雅行氏（岡野工業代表社員）を支えたのは、「これだけはだれにも負けない」という自信だったという。自信は、ときとして困難を乗りこえる原動力になる。絶対できるはずだという自信とやりぬく忍耐力が課題を達成させることがある。

① 挑戦したことを認める

自信をもって、自分を信じて果敢に挑戦したこと自体を大きく評価し、認め、ほめるようにする。自分から取り組むことは学ぶ意欲の大事な一面である。

② 失敗は間違いではない・つまずきを乗りこえさせる

結果が失敗に終わると自信を喪失し、学ぶ意欲も急激に減退することがある。失敗は間違いではない。どのように追究の仕方を改善すればよいかを指導し、失敗がトラウマにならないようにする。つまずきの原因を見ぬき、克服できるように支援・指導をすることが必要である。

③ 成果を確認させる

取り組んだ過程と結果を振り返らせ、どのようなよい点があったか成果を確認させ、さらによくするために何をすべきかを意識させると、次も自信をもって取り組むようになる。

18 目標に向かって・なりたい自分・生きがい……「自己実現」

子どもは（大人も）、目標がはっきりしていると自発的に、主体的に取り組むものである。それが、やりがいのあることや自分のしたいこと、なりたいものであればなおさらである。

① 自分の目標をもたせる

意欲的とは、自発的（自分から）、主体的に（自分で）取り組む心意態勢である。何をするかという目標が明確に理解されているとき、意欲的に取り組む。複数の目標の中から自己選択するか、自分で設定した目標であればいっそう意欲は高揚する。

② 自分のしたいこと・なりたいものを自覚させる

目標の大小や現在・将来に限らず、子どもがしたいこと、なりたいと思っていることを自覚させ、それを目標にしたとき子どもの学ぶ意欲は大きく高まる。その上、つまずきや困難が生じてもねばり強く取り組み、やりとげることが多い。自己実現や生涯学習につながる学ぶ意欲である。

③ やりがい・生きがいをもたせる

「これをしてよかった」「私はこれをしていると楽しく満足する」「幸せを感じるからずっと続けたい」このようなやりがい・生きがいを感じさせると学ぶ意欲は高まり持続する。達成感、満足感、充足感を次の事柄やずっと先の事柄につなげることが重要である。

19 できそうだ・何とかなりそうだ……「可能性」

簡単なことはつまらない。はっきりできそうにないことは回避する。これは当然の心理である。自分にもできそうだ、何とかなりそうだ、という塩梅が大事なのである。

① 少し難しそうなこと

少し難しそうな課題（問題）を「できるかな」と投げかけられると、子どもは「できるよ」と取り組むものである。この子どもの性向を、課題（問題）や教材の開発に生かしたい。

② 何とかなりそうだ

ある程度、解決の見通しがもてる課題（問題）が設定されたとき、子どもは意欲的に取り組む。既習事項や既有体験が活用しやすい目標や課題を設定すると何とかしようとする。

③ 難しそうだったけれど

はじめは難しそうに思っていたが、じっくり考え、こうしたら簡単にわかりやすくなって解決できた。やってみたら意外に簡単だった、という学習体験も大切である。

④ 困難を解決した体験

方法や結果が見えにくいことにねばり強く取り組み、成功した。つまずきを自分で乗りこえられた。このように困難な状況を乗りこえた体験が可能性の幅を大きくし、学ぶ意欲を高めていく。

C 知的好奇心を広げる

野口聡氏（宇宙飛行士）は、小学生の「どうしたら宇宙飛行士になれますか」という問いに、「自然への興味を深め、算数・理科をがんばり、強い体をつくり、英語などで仲よく仕事のできる人を目指せばなれる」と答えている（『内外教育』二〇〇五年九月二七日）。知的好奇心をもち、それを広げ、読み解こう、それを解決しよう、実現しようとしていくことが大切であることを読み取ることができる。

子どもも大人も身のまわりの新しいものや事柄に常に関心を寄せ、自発的に働きかけて、情報を得たり関係をつくろうとする「拡散的好奇心」をもっている。一方、情報を得たり関係をつくろうとしている過程で、新奇性（驚き、疑問、当惑、矛盾等）を感じると解明したい、確かめたい、解決したいと特定のことについての関心が集中し、「特殊的好奇心」が生じる（波多野宜余夫・稲垣佳世子『知的好奇心』中公新書　一九七七）。

この何にでも関心をもつ「拡散的好奇心」と、一つのことに関心を集中していく「特殊的好奇心」の両方に着目して、学ぶ意欲を高めることに活用していきたい。その際、奇をてらい表面的に関心を集めるようなことがないように工夫したいものである。

20 驚きを大事にする

「あれ！」という驚きは関心を集め、どのようになっているのかという追究意識を起こし、学ぶ意欲の高まりとなっていく。この「驚き」を多様に発想することによって、教材の開発から授業改善に至るまで学ぶ意欲を高める取り組みは充実していく。

① 驚きを課題につなげる

パソコンの動画でみかんの皮を傘を開くようにむき、それを元に戻してあっと思わせる。その後で、直方体を示し、これを分解し、また元に戻すにはどうすればよいかという問題にしていく。あっと思わせ、それを学習課題や解決方法につなげる手法はいろいろと活用できる。

② 驚くような事実を見せる

びっくりするような大きなサツマイモを見せる。それから、「みんなで大きなサツマイモを育てようよ。そのためにどのようにしたらよいか勉強していくんだよ」と導入したら、子どもたちはやる気を出して、自分からあれこれと学習するようになる。

③ 内容への驚きに導く

驚きは導入段階だけではなく、学習が進むにしたがって、「このようになっているのか、こんなこともできるようになるのか」という驚きを体験させ、さらに学習したいという気にさせていく。

21 「なぜ?」を大事にする

子どもが、「なぜ?」と感じたことを取り上げ、追究活動につなげていく意欲の高め方がある。各教科のねらいや特性に応じてさまざまに工夫できる。

① 「どうなっているのだろう?」と引きつける

ばらばらに分解した漢字を見せ、それをさっと組み立てて一つの漢字にしてみせる。カードでも、パソコンでもいい。何度か繰り返していると「なぜ?」「どうなっているのだろう?」と疑問をもち、追究したくなってくる。これを漢字の「へんとつくり」を調べる学ぶ意欲へと高めていく。

② 「なぜ?」に出合わせる

一九五五年ごろ、七五年ごろ、九五年ごろの隅田川の水面「きれい↓汚い↓きれい」の変化を見せ、「なぜ?」を誘発する。ここから環境教育、水質汚染への学ぶ意欲を高めていく。

③ 「なぜ?」の種明かしをさせる

測っていない時刻の温度を当ててみる。実際の図形は作らなくても何本の棒が必要か計算してみせる。「なぜわかるの?」という疑問を、性質やきまりを活用すれば解き明かすことができると種明かしをすると、学ぶ意欲は一気に高まっていく。

22 当惑する場面に立たせる

どちらだろうか、どうしたらよいだろうかという葛藤場面に立たせると、なんとかしようと学ぶ意欲は高まる。そして、思考力、判断力、表現力が育っていく。

① 判断とその理由を問う

これはどちらの仲間に入るかと判断させる。そして、その理由を言わせる。このような学習場面をつくることにより、子どもが自分から、自分の力で判断したり考えたりするようになる。

② 葛藤場面に立たせる

「お母さんの手伝いをすると約束した子どもが、友達から一緒に遊ぼうと誘われた」という場面で、あなたならどちらにするか、それはなぜかと問い、葛藤場面に立たせる。子どもは、自分のこととして真剣に、自分の本音と戦いながら考える。多様に活用できる手法である。

③ 自己決定をさせる

問題を自力解決するとさまざまな考えが出てくる。これを教師が主導して、これがよいとまとめる方法もあるが、子どもに「どれがよいと思うか。それはなぜか?」と自己決定させると、学ぶ意欲は高まる。自分で判断する、自己決定するということは、自分の自由であり自分にまかされていて楽しい反面、自分の責任になる厳しい面もある。だからこそ学ぶ意欲が高まるのである。

23 矛盾に目を向けさせる

今までの自分の知識や体験と合わない事実や反する事柄と出合うと、子どもは「あれ!」と注目する。この矛盾を解消し、すっきりしたいという思いが学ぶ意欲を高めることになる。

① かけたのに答えが小さくなった

これまでのかけ算では、答えがいつもかけられる数より大きくなった。でも、一メートル九〇円のリボンを〇・八メートル買ったら、答えはかけられる数九〇円より小さくなった。おかしいぞ。このような食い違いに着目させて、意欲的に学習させることができる。

② 混ぜたら黒く濁った

赤・黄・緑を混ぜてきれいな色をつくろうとしたら、黒く濁ってしまった。明るい色を混ぜたのに暗い色になってしまうなんておかしいぞ。こんなことがあるのだろうかという思いを、絵の具を混ぜてさまざまな色をつくる活動に高めていく。予想に反する現象が学ぶ意欲を高める。

③ 肥料をたくさんやったら枯れちゃった

植物に肥料をやると大きく生長する。それなのにヘチマの芽が出たので肥料をやろうとしたらダメだという。矛盾する(おかしい)ことを言っている。これが引き金となって、草花の育て方を地域の名人から教わる学習活動に発展していった。

24 ちょっと難しそうな課題に出あわせる

学ぶ意欲のある子どもは、自分の能力（知識・技能、考え方など）に応じた適度な課題、すなわちほんの少し難しそうな課題を選ぶ傾向がある。

① ありふれた易しい課題

いつも目にしているような課題、すぐ結論が見えるような課題には、やる気もがんばりの気持ちもわかない。いつも見ているが見逃している商店の品物を売るための工夫、卵や稚魚を親メダカに食べられないで大きく育てるにはどうしたらよいかなど、課題を工夫するとよい。

② 少し難しそうだが解決の見通しが立てられる課題

この文章題は難しくて自分には解決できない、〇〇について調べましょうと言われてもどうしたらよいか見当もつかない、ということでは子どもは乗ってこない。既習事項が使えそうだ、△△さんにインタビューしてみようなどと見通しの立てやすい課題からはじめるとよい。

③ 何をすればよいかがわかる具体的な課題

少し難しくても、「何を解決すればよいのか」が具体的にわかる課題（問題）であれば、子どもは何とか工夫して達成（解決）しようと取り組む。はじめのうちはスモールステップにして課題を具体的に示し、慣れてきたらしだいに自分だけで取り組むようにしていく。

25 おもしろそうだと感じさせる

導入の段階で、子どもに「おもしろそうだ、やってみたい」と思わせて、食いつかせることも大事なことである。低学年は物や動きや現象で、高学年は内容や知的なおもしろさが有効である。

① 実演してみせる

ミシンで実際に手際よく、美しく縫ってみせる。子どもは、「先生はすごく上手だ」と感心し、どうしたらあのように縫えるのかと追究意欲に変化させていくのである。

② 変化を見せる

「これがヘチマの種、これがヘチマの実、これがヘチマの実で作ったタワシ」と変化を見せ、自分も育ててみたい、どのように変化するのか調べたいという学ぶ意欲に高めていく。

③ 「なるほど」と思わせる

「ここをこのように工夫してごらん」と先生に言われて、そのとおりにしたら見事に解決できた。この「なるほど体験」が、自分で工夫してみようとする意欲づけになることがある。

④ クイズやパズルを活用する

導入の段階で楽しみながら学習へと引き込んでいくことも有効である。ただし、熱中して楽しんではいるが、課題の追究からそれてしまうことがあるのでひと工夫が必要である。

26 内容のおもしろさに気づかせる

単なるおもしろさではじまった学習は「なぁ～んだ」ということになり、学ぶ意欲はすぐに減退する。中学年、高学年になるにしたがって内容のおもしろさに触れさせたいものである。

① 内容で「なるほど」と思わせる

実験をすると結果が出る。そこからどのようなことがわかるか、考えさせる。さらに、そのことを使うとこんなことができると「なるほど体験」をさせる。内容のおもしろさが大事である。

② 追究の楽しさを味わわせる

「一杯の牛丼」を追究したら食材から食糧事情や輸入、働いている人の労働事情など多くのことが解明できた。この追究の楽しさは、今後の調べ学習の意欲づけになるに違いない。

③ 創り上げる楽しさを味わわせる

既習事項をもとにして自分で素朴に解決させる。それをみんなで検討して公式に創り上げると便利だと実感する。創り上げる楽しさがわかると少々の困難を乗りこえられるようになる。

④ 読み解くおもしろさを経験させる

複雑な問題を解決する。じっくり考えていくと、それが単純な既習事項を組み合わせたものだとわかる。たちまちすっきりと解決できる。読み解くことのおもしろさも大切である。

27 とりこにして熱中させる

はじめはつまらない。何回やってもうまくいかない。でも、友達がやっているからそう簡単にはやめられない。そのうち一回だけうまくいって、とりこになってしまう。将棋の話である。

① みんなで取り組ませる

作文や文章題、実験などは、ある程度ルールや仕方を身につけないと肝心のことができないということがある。そのようなときはひとり学習だけでなく、グループの友達と確かめ合ったり、工夫させるようにすると、基礎を学ぶ地道な部分を乗りこえさせることができる。

② 成功の快感を味わわせる

そして、「結構よく書けた」「解決できてすっきりした」「いい結果が出た」という成功の快感を味わわせるようにする。「今度もうまくいくに違いない。また、うまくいったうれしさを感じたい」と熱中するようになる。熱中する、やみつきになるなどは学ぶ意欲のはじまりである。

③ 熱中したら途切れさせない

熱しやすく冷めやすいのが子どもの特徴である。熱中して取り組んでいること自体を認め、そのことがどのように価値があるのか、今後どのように進めていったらもっと深く追究できるかを自覚させ、途切れさせないようにすると、学ぶ意欲が高まり持続していく。

28 もっと知りたいと思わせる

「もっとしたい」「もっと知りたい」などは、本質的な学ぶ意欲である。このように「もっとしたい」「やらずにいられない」という意欲を育てていくことが重要である。

① もっと観察すると

友達の絵をかいた。よく観察すると、髪の毛の黒い部分に少し茶色が混じっていることに気づいて、とてもよくかくことができた。もっとよく観察したら次々といろいろな発見ができた。このように小さなことの積み重ねを体験させると学ぶ意欲が高まっていく。

② もっと違うことも勉強したい

分数のたし算を勉強してよくわかり、よくできるようになると、今度はわり算も勉強したいというように自分から違う内容の学習を求めるようになる。考えさせる、わからせる、できるようにする、活用して問題が解決できるようにしてやると、意欲は継続的に高まっていく。

③ この続きをしていいですか

社会科の調べ学習で自分で資料を集め、地域の人の話を聞き取り、調べたいことがよくわかった。授業はここで終了したが、「先生、この続きをしていいですか」という声が上がった。この声を「ぜひやってごらんなさい。相談に乗るよ」と受けとめることが重要である。

29 こだわりを大切にする

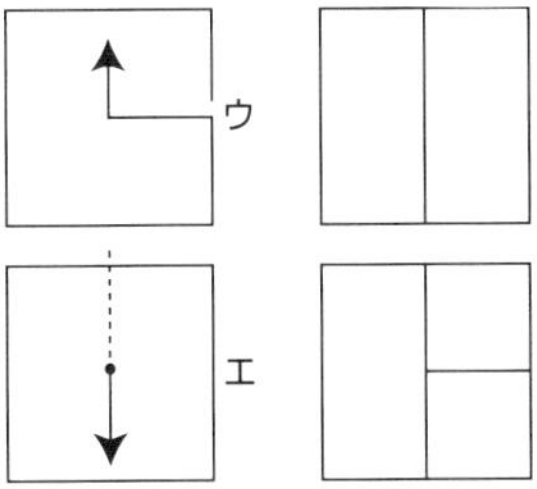

アの図形は一筆がきができた。では、イの図形はどうか？ということになった。律子さんが確かめたらできないという。靖明君は、線が奇数集まる点が四つあるのでかけないという。ところが、司君は、絶対かけるという。学級の全員がかけないといい、先生が一筆がきのきまりをもとにかけないと説明しても、司君はこだわり続けた。

そして、まず、ウのように一筆がきをして、次に点線のように紙の裏を通って、また表に出て残りの部分をかいたのである。「どうだ！」と言わんばかりの司君の顔が印象に残っている。

「同一平面上」という条件を厳密に当てはめると、努力を認めて結果を否定するということになってしまうが、司君の「こだわり」を大切にしてやりたい。

「できそうだ！」「何とかやりとげるぞ」という強いこだわりが、新しいことを創り出したり、不可能と思われていたことを解決することにつながることはよくあることである。このようなこだわりも学ぶ意欲のあらわれの一つと考えて、むげに否定したり無視したりすることなくあたたかく受けとめ、大きくほめることのできる教師でありたい。

D 「なぜ、勉強するのか?」に答える

子どもから「なぜ、勉強するの?」と質問されて、納得のできる答えを返すことのできた例をあまり聞かない。「将来、役に立つから」「大人になって困らない」といっても、子どもの現在から遠い将来の大人になった自分のことが想像できないので、あまりよくわからないのである。「勉強は大事なこと、ともかくがんばりなさい」と言われても、楽しいことの多い生活環境の中で、こんなめんどうなことをしなければならないのかと納得できないだろう。

「なぜ、勉強するの?」と疑問に感じない子どももいるが、その多くは勉強のよくできる子どもである。疑問に感じる子どもの中には、勉強の嫌いな子ども、努力をしているがうまく進まずやる気を失いそうになっている子ども、勉強以外に興味・関心が移ってしまっている子どもなどである。

したがって、このような子どもに対して、今の生活や立場に即して具体的に回答し、おおむね納得させる努力をしていくことが肝要である。なぜなら、勉強することの意味や価値を見いだすことができるようにして、次元の低い遊びや自己否定するような行動に陥らないようにしたいからである。

30 テストができるようになる

テストの点数を高めるために勉強するのではないと教師は言い、保護者はテストの点が悪くならないように勉強しなさいと言う。それでいて、単元テストの点数が低いと、もっときちんと勉強するように教師は顔色を変えて子どもたちに強く注意する。

① テストの点数の意味

テストの点数は、勉強したことがわかっているか、できるようになったかを表していることをきちんと理解させる。だから、点数がよいとは、よくわかり、できるということである。低いときは一生懸命勉強して、わかるようにし、できるようにすればよいのだと、見方を変えていく。

② 作文やレポートも大事

点数で表さない作文、レポート、ポートフォリオ、習字、絵や作品、工作なども勉強であり、とても大事なことだという話をして聞かせる。努力や工夫をしてとてもよく作ったことを認め、ほめ、さらによくするよう励ますことが大切である。

③ 考える・表現することも大事

よく考えた。自分の考えや感じ方を表現できた。とてもわかりやすく説明したり、発表したりしたことを認め、点数では表せないことの大事さもわからせ、意欲づけていく。

31 希望する学校に合格できる

文部科学省の調査（平成一五年度）によると、勉強は受験に関係なくとも大切だと答えている子どもは、五年生で七九・八％、六年生で八一・二％もいる。それなのに、多くの保護者は受験のために勉強するよう求め、一部の教師は教え子の受験合格を自慢している。

① 受験合格は次のステップのため

上級学校受験の合格を目的に勉強させると、合格したらもう勉強しなくなる。学ぶ意欲はゼロになってしまう。そこで、仮に受験を目指して勉強させる場合も、あくまでも次なる本当の目標をとげるためのものであることを理解させて取り組ませたい。

② 受験以上の質の高い学力を目指す

受験に必要なことだけ勉強させ、他の教科の勉強はほどほどに、しかも学級の係活動や学校の委員会活動はしないようにと指導する大人がいるそうだ。受験以上の質の高い学力を身につけさせ、学ぶ意欲が歪まないようにすることが重要である。

③ 近道を求めさせない

受験のためにテクニックやヤマかけなど、近道・抜け道・うまい道を求めさせるようにすることは考えものである。じっくりと正面から取り組ませることを小学校では優先したい。

32 新しいことや難しいことができるようになる

知識を覚えて再生する。技能を身につけて正確に処理できる。このことを基礎・基本（または「読・書・算」）といって重点化し、これだけを反復練習させればよいという関係者や保護者は少なくない。でも、本当だろうか。

① 問題が解決できる

既習事項（知識や技能、考え方）は、これを活用して問題を解決できてはじめて、理解し、習得し、習熟したということになる。活用できる喜びを体験させてこそ学ぶ意欲は高まる。

② 難しいことが何とか解決できる

知識の記憶、技能の素早い処理は、それだけでは何の意味も価値もない。難しいと思えることを解決できるようになったら、学習すること、知識・技能、考え方を身につけることの必要性がわかり、進んで学習するようになるであろう。

③ 新しいことが切り開ける

また、既習事項を活用して新しいことを見つけたり、新しい方法を創り出せるような経験をさせることができたら、新しいことを切り開くような挑戦的な学習活動に臆することなく取り組む意欲がいっそう高まることであろう。

33 将来、研究者などになれる

子どもは、発明・発見にあこがれるものである。歴史上の人物に触れる機会をつくり、将来、研究者などになりたいという目標（夢）をもたせて意欲づけることもできる。

① 伝記を読ませる

学年の発達段階、学習内容に応じて、いろいろな分野、さまざまな人の伝記を読ませ、歴史を動かした偉人の生き方や業績に触れさせたい。発明・発見等の価値、その研究や開発に貢献した人、今努力している人に尊敬とあこがれをもたせたい。学ぶ意欲の高揚につながるはずである。

② 各教科の著名な人を紹介する

各教科の授業を展開する中で、関連する古今東西の著名な人を紹介したい。勉強の対象になっている事柄のすべてが、人間が見つけ出し、創り上げてきたことに気づかせたい。自分もそうなりたという淡い夢をもたせることができたら、それはやがて学ぶ意欲となっていくであろう。

③ 親《おや》学問の偉大さに触れさせる

算数は数学に、理科は科学に、音楽や図工は芸術につながっていて素晴らしいものであることを伝え、親《おや》学問の素晴らしさ、本物の素晴らしさにあこがれの気持ちをもつようにしたい。授業の中で、ほんの少し話題にするだけで十分である。

34 自分のしたいことに必要である

自分のしたいことに必要だとわかると意欲的に学習するものである。目的を明確にし、それを実現するために必要なことを学習させる。その体験を通して、勉強は自分のしたいことを実現するために必要なことだと実感でき、学ぶ意欲を向上させていくことができる。

① 必要だからパソコンが使えるようになる

総合的な学習で追究したことをポートフォリオにまとめることになった。本のようにするために、パソコンで文章を書いたり、絵や写真を入れたりする技術が必要になり、担任や親や友達に教わって習得できた。自発的で主体的で、まさに学ぶ意欲は高まった。

② 交流したいから英会話が少しできるようになった

英会話体験を何回もやっているのに身につかなかった。ところが、アメリカンスクールの友達との交流が決まると、がぜん意欲的になり、簡単な英会話ができるようになった。当日は大成功、その後も学ぶ意欲は持続し、今では熱心に英会話に励んでいる。

③ 文章題のつまずきから計算練習へ

計算練習が大嫌いなMさんは、文章題ができないわけが計算ミスにあるとわかって、重点的に練習している。単調な繰り返し練習も、目的を達成するためには取り組むものである。

35 自分が高まると幸せを感じる

自分が進歩したことを自覚できるようになると、幸せを感じ、何事にも意欲的に取り組むようになるものである。したがって、自分が確実に高まっていることを実感できるようにすることが大切である。

① 進歩したところ、よいところをまず見つけてやる

自信のない子どもは、教師や友達の評価に過敏で臆病になっている。たとえ小さなことでも、できるようになったこと、よい点を見つけ、ほめてやると自信が出て少しずつ意欲的になる。

② 自分の過去と比べさせる

子どもは友達と比べて出来具合を気にする傾向が強い。その子の過去と現在の状況を比べさせて、よくなった点、できるようになったことを具体的に知らせるようにするとよい。自分の高まりを実感でき、うれしくなり、学習に意欲的に取り組むようになっていく。

③ 次の実現可能な目標をもたせる

しかし、意欲が長続きせず、やる気を失っていくことも少なくない。進歩を自覚させることができたら、次の達成可能な手ごろな目標をもたせ、応援し、やりとげさせるようにする。このやりとげた快感と成功体験が、学ぶ意欲を本物にしていく。

36 自分の気持ちが通じた

総合的な学習で福祉ボランティアをテーマにした子どもが、手話を学習した。耳の不自由な人に手話が通じたときの感動がきっかけで、以前より何事にも集中して取り組むようになった。

① かかわった人の心

この子どもは先生の勧めで手話を習ったのだが、耳の不自由な人がそれを誠実に受けとめ、とてもあたたかくかかわってくれたことが学習の動機づけになった。この事例は、子どもの素朴ながんばりと小さな出来ばえを心で受けとめることがとても大切なことを教えてくれる。

② 学習の成果に対する感動

自分の苦労して学習したこと、自信がなくて恐る恐るしてみたことが、「通用した」「役立った」ということがこの子にとって感動であり、そのことをさらに一生懸命やってみようと意欲づけることになった。「できた、通じた、役立った」ということを味わわせることも大切である。

③ 一つのことが次々と発展

はじめから多くのことを期待しすぎてはならないが、この子の場合は、手話のことが福祉ボランティア全体へ、やがて社会科の福祉政策へと関心が高まり、意欲的に学ぶことに次々と発展していった。自分の気持ちが通じたという心持ちも学習の意欲づけになるのである。

37 勉強はおもしろい

勉強ができなければ、楽しいとは感じない。楽しいと感じなければ、学ぶ意欲は生まれない。だから、勉強はわかりやすく教えて、ひととおり理解できたらその後で問題を考えさせる、いわゆる「教えて考えさせる」という主張がある。本当だろうか。

① **考えさせ理解させる**

何も教えないで子どもにだけやみくもに考えさせるという教師は希有である。前の時間までに教え理解させたことを使って考えさせ、その過程でわかったことを知識・技能、考え方としてまとめ、それを次の時間に使って考えさせているのである。

② **おもしろいと感じて勉強することがある**

子どもが学習課題や実験内容、観察したこと、体験したことなどに「おもしろい」「やってみたい」などと感じたことが一時的に学ぶ意欲を高め、それがやがて本物の学ぶ意欲になっていくことがよくある。したがって、教え込み、わからせることが先決というのは考えものである。

③ **最終的には勉強はおもしろいと感じさせる**

じっくりと取り組ませ、考えさせる。そして、わかり、でき、学習したことを使っていけるようにする。このように最終的には、勉強はおもしろい、役立つと感じさせることが重要である。

38 いい仕事に就いて豊かな生活がしたい

文部科学省の調査では、勉強すれば自分の好きな仕事に就くことに役立つと考える子どもが小学五年生で七三・七％、六年生で七一・九％である。この構えをこのまま育てることができれば学ぶ意欲の向上、ひいてはフリーターやニートに関する問題までつなげていけるように思う。

① 就きたい仕事・いい仕事

将来、こんな仕事がしたい、給料の高い仕事に就きたいという目標をもつことは悪いことではない。そのために、それだけを目指して勉強するのか、幅広く勉強しておくことが大事か、子どもにはわからない。なりたい自分を、なれる自分にするために勉強をするのだとわからせたい。

② 豊かな生活・いい生活

経済的な豊かさや、いい暮らしぶりを求めることも当然なことであろう。それを可能にするのは勉強してさまざまな能力・態度を身につけることだと考えることもまた当然のことである。学習の動機づけとしての吸引力は十分にある。

③ 幸せな生活

幸せとは何かは難しい哲学的問題であるが、勉強すれば教養が豊かになり、文化的に満ち足りた生活が送れるようになるだろう。このような心の豊かさを求めての学ぶ意欲も大切である。

39 将来、社会や人のためになることがしたい

「勉強すれば普段の生活や社会のためになる」と考えている子どもは、小学五年生で八二・五%、六年生で八〇・五%もいる（文部科学省の調査）。それにもかかわらず、勉強が好きだという子どもは五・六年生とも五〇%にも満たない。学ぶ意欲につながっていないのである。

これは、漠然と思っている子どもの直感を、現実の生活と具体的に結びつけさせられない教師・大人の教育の仕方に一因があるように思われる。

① 生活に役立っている勉強

学習したことが生活の中でどのように活用されているか、自分が身につけたことをどう活用していけるか、考えさせるようにする。勉強の有用性の認識は学ぶ意欲を高めることになる。

② ボランティアに役立っている勉強

学習して身につけたことが、人のため、ボランティアをするために役立つということがわかれば、やる気が出るし、必要なことを意欲的に勉強するようにもなる。

③ 社会のために役立っている勉強

同様に、学習したことが社会のために役立つことがわかれば、このようなことをするためにはどんなことを学習すればよいかという発想ができるようになり、学ぶ意欲につながる。

40 親や先生がほめてくれる

勉強すると「両親がほめてくれる」（五年生五八％、六年生五〇％）、「先生がほめてくれる」（五年生四八％、六年生四〇％）と思っている子どもは意外に多い。ということは、ほめられたいから勉強するという子どもが多くいるということである。

ほめられたいから勉強するというような外発的動機は、真の学ぶ意欲にはならないと否定することは簡単であるが、この傾向を生かすこともまた大事なことである。

① 両親がほめてくれた本当のこと

勉強しろと言われてしたからほめられたのか、自分から勉強しているからほめられたのか、知りたいことやわからないことを一生懸命勉強していたからほめられたのかを見つめさせる。そして「自分から、自分で」勉強していたことをほめ、それに価値を感じさせるようにする。

② 先生がほめてくれた本当のこと

教師の立場でも、①と同様のことを子どもに自覚させたい。ほめてくれるから、喜んでくれるからという感情は、愛する人のために、家族のために、困っている人のために、人類のためにという高い価値に向かって学ぶ意欲に昇華していく可能性がある。外発的動機を内発的動機に転換させることでもある。

E 学ぶ意欲の条件を大切にする

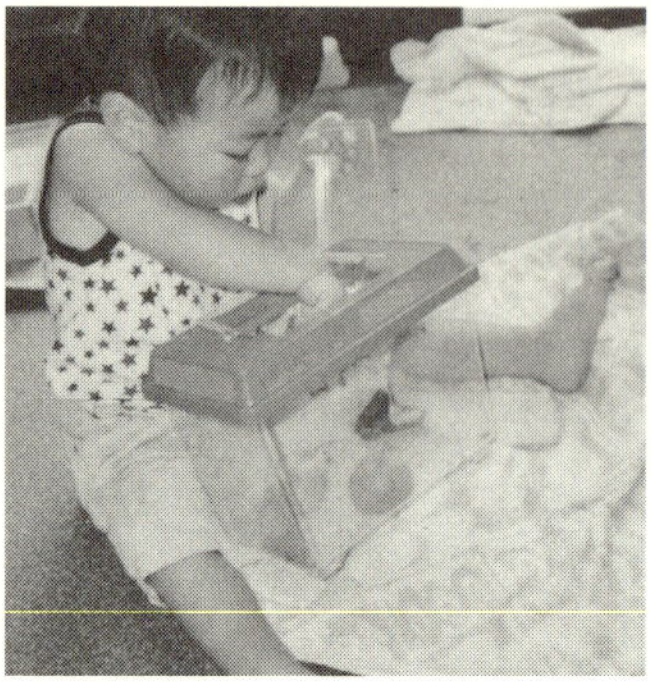

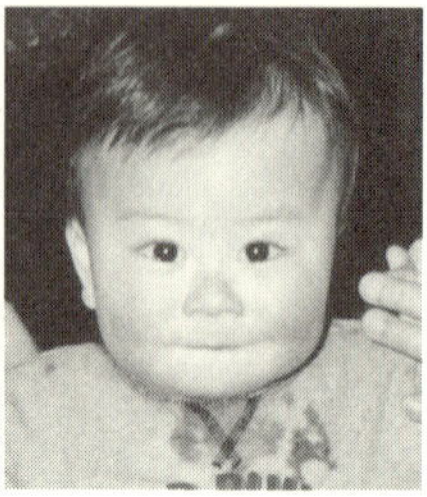

子どもは本来、自分からする自発性、自分でする主体性、知りたい・わかりたい・できるようになりたいという知的欲求をもっている。

上の写真のように、ふだんはやんちゃな幼児がだれから言われることもなく一心に観察する姿からそれを容易に認めることができる。

したがって、子どもの学ぶ意欲は、教師や保護者が人為的・外発的に喚起させるものではなく、子どもの秘めている学ぶ意欲を発揮しやすくしてやることが大切である。

ここでは、子どものそのような傾向を生かしながら学ぶ意欲を高める方法についてさまざまな角度から考えていくことにする。

41 新しいことを自分の力でしたい

子どもは目新しいことに関心をもつ。そして、自分の力で解明したり解決したりしようとするものである。この学ぶ意欲の特性を生かしていくようにする。

① 新鮮な学習課題を用意する

単元の主要な導入では、なるべく新鮮な場面、新鮮な課題を用意する。このときだけは学習の内容を予告したり、予習をさせないほうがよい。プレテストなどを実施して、はじめての新しい出合いを二番煎じにしては、子どもの学ぶ意欲は小さくしぼんでしまう。

② 自分で解決する活動を組み入れる

そして、教え急ぎをしないで、ともかく自分で、前に学習したことをもとにして取り組ませてみるのである。自力解決をした子ども、じっくりと考えたものの結論に至らなかった子ども、どちらも「自分でしたい」という気持ちを満足できたはずである。

③ 結果より自分で取り組んだことを評価する

そこで、結果より自分で取り組んだことを大きく評価し、ほめる。もちろん、②の自力解決を発表させ、教師が補足し、結論に至らなかった子どもを支援・指導してわかるようにすることは当然である。子どもの取り組み方を認めて、学ぶ意欲を膨らませていくのである。

42 完成させたい・達成したい

子どもはいつでも作品を完成させたい、つくり上げたい、目標を達成したい、解決したいと思っている。早く取り組みたいとウズウズしている。これを生かさない手はない。

① 課題把握は簡潔にする

子どもは、教師のくどい、長い、繰り返しの導入を、「先生、早くはじめようよ」とイライラしながら聞いている。必要最小限の導入、簡潔な説明によって、課題（何をするか、何を解決するかなど）をなるべく短時間で理解させ、追究活動に進めると学ぶ意欲は高まる。

② 追究活動にじっくり取り組ませる

意欲的に取り組んだことには、子どもはねばり強く取り組むものである。したがって、いつもより時間がかかる。でも、じっくり取り組ませて、自分なりの完成、自分なりの達成を待ってやりたい。そうできない子どもには個別に支援・指導する。これで学ぶ意欲は持続する。

③ 完成した作品・結果を鑑賞させる

自分で完成したい・達成したいという子どもの気持ちを受けとめ、完成した作品を鑑賞したり、達成した結果をみんなで検討したりして、よいところを中心に課題についても話し合う。この活動が、これからも自分でやりとげたいという欲求にもとづいた学ぶ意欲を定着させていく。

43 自分で選んだことがしたい

自分で選んだ課題は、意欲的に取り組むものである。このことを活用すると、さまざまな教科で学ぶ意欲の高揚を実現できる。

① 自分で課題を選ばせる

自分で選択した課題の追究に子どもが意欲的に取り組むことはよく知られている。教師から与えられた課題ではなく、自分で選択したことをしたいということは自然の心の動きである。複数の中から課題を選択させ、この傾向を生かして学ぶ意欲を引き出したい。

② 自分で課題をつくらせる

課題を選択して追究する学習経験が豊かになったら、大きなテーマの方向性を教師が示し、具体的な課題は自分で設定させるようにする。社会、理科、総合的な学習等には活用できる。自分で課題を設定する体験は、生涯学習に通じる学ぶ意欲に高まっていく。

③ 与えた課題の追究も大切

とはいっても、課題とはどのようなものかを理解させたり、既習事項を活用して解決する能力を育てたりする段階では、教師が課題を与えることは当然である。この段階が丁寧に指導されていると、①、②に円滑に移行させることができる。ただし、与えているだけでは育たない。

44 自分で計画を立ててやりたい

教師が一方的に次々に指示を出して、てきぱきと学習を進める授業を観ることがある。低学年の教室では表面的にはきわめて円滑に学習は進んでいく。高学年の教室では、半数の子どもはそれにしたがっているが、残りの子どもはムッとした顔をしていて、なかには、動きを止めている子どももいる。

子どもは指示されたとおりに動く学習ロボットではないのである。授業は子どもの教育を具体的に進める場であって、子どもを教師の思いどおりにする調教の場ではないのである。

したがって、すべてとは言わないまでも多くの場合を、自分で計画を立てて進める学習活動をさせることが必要であり、重要である。

① 学習方法を選択させる

ときには、子どもに学習の方法を選択させることも必要である。自分で学習の計画が立てられる、自分で解決の計画が立てられるようになっていくからである。

② 解決や達成の見通しを立てさせる

できるだけ自分で、どのようにしたら解決できるか、どのようにして達成したらよいか、見通し（見積もり）を立てさせるようにする。学ぶ意欲を支える大事なことである。

45 目当てをはっきりさせる

学ぶ意欲は、何をするかという目標、目当てが明確になっていると高まり、持続する傾向がある。目標を明確に、具体的に捉えさせることは重要である。

① 学習の目当てをノートに書かせる

学習の目当てを板書するだけでなく、ノートに書かせて意識させる。その目当てを達成するためにはどうしたらよいか、具体的に学習する時間として本時を位置づけさせるのである。

② 今日は何をするのか意識させる

具体的には、今日の学習では「何を、何のために、どのようにするのか」を意識させるようにする。それに沿って学習を進めるようにすると、子どもは学習を進める方向がつかめて、学ぶ意欲が引き出され、わかりやすい授業が展開できる。

③ 学習の目当てに沿って振り返らせる

授業の終末には、学習の目当てが達成できたかどうかを振り返らせるようにする。このことによって、再び学習の目当てを意識し、その視点から自分の学習状況や結果を自己評価することができるようにしていくのである。ただ工夫した、努力した、楽しかったということではなく、目当ての達成を基準に評価させ、学ぶ意欲をさらに高い段階に押し上げていくのである。

46 学習の方法を具体的に示す

子どもに学び方（学習の方法）を身につけさせることは学ぶ意欲を高めるために必要なことである。しかし、最初から「では、どのようにしたらよいか考えてみましょう」と突き放しているだけでは身につかない。

① 学習の方法を例示する

資料の集め方、実験の仕方、インタビューの仕方、学習計画の立て方などは、学習の目当てに即して例を示し、「あのようにすればよいのだな」と具体的につかませると意欲的になる。

② 自分でさせて途中を支える

ただし、いつまでも教師が学習の仕方を示していたのでは子どもは自立しない。そこで次は、自分でどのようにするのか、どのような計画や手順でするのかを考えさせて実行させ、その様子を教師は観察し、よいところをほめ、不十分な面に注文をつけて支援・指導する。この段階がいちばんめんどうで教師にとって忍耐力がいるが、欠かせない大事なプロセスである。

③ 最後まで自分でさせてみる

そして、自立を目指して、自分だけで課題を解決したり、作品をつくり上げたりする過程を最後まで一人でさせるようにする。全体を観察しながら教師が指導することは当然必要である。

47 結果を確認させる

成功・失敗、合格・不合格、正解・間違いなどの結果がはっきりしないことに対して関心は薄れていく。学習した結果がどのようであったかを曖昧にしないことが大切である。

① 結果を確認させる

自分のしたことについて、過程（どのように進めてきたか）と結果（結論、答え）はよかったかどうか振り返らせる。せっかく工夫したこと、解決したと思っていることをうやむやにしていると達成感、満足感が得られない。よい点と課題を知ることは意欲づけになる。

② 学習のまとめをする

授業の終末で、わかったことを知識として、仕方をアルゴリズム（技能）として、工夫したことを考え方としてまとめると、本時の学習の結果が明確になり、定着しやすくなる。そうすると、以降の学習に既習事項として活用しやすくなり、学習が楽しくなってくる。

③ もう一つ実際にしてみる

学習して新しい言葉や計算の仕方がわかったら、「では、その言葉を使って短い文を書いてみましょう」「同じようにして、この計算をしてみましょう」と、もう一つ実際にさせてみると学習した結果が子どもにも教師にも確認することができる。

48 自分で考え、友達とも学び合う

自分で考えたことをみんなで話し合うと、別の見方に触れたり、もっとよい考えを知ったり、自分の考えの不足に気づいたりすることがある。

① 自分の考えをもつことから

友達と学び合う前に、自分なりの結論（こう考える、こうしたい、こうかもしれない、考えがまとまらなかったなど）をもたせることが必要である。これがないと、受け身になって友達の考えをただ聞いて学びとるだけになってしまうからである。

② 友達と学び合う

友達と話し合い、学び合うことの過程で、いろいろなことがわかり、学びが広がっていく体験を通して知的好奇心が刺激され、学ぶ意欲の高まりになっていく。友達と学び合うことの楽しさを実感させることは、各教科のさまざまな学習活動で取り入れるようにしたい。

③ 教え合うこと

子どもどうしが教え合う姿は美しいし、それなりの効果がある。しかし、形式的に採用していると、わかる子どもがわからない子どもに教え込む図式が固定化し、わからない子どもが消極的になる傾向が出てくる。いろいろと言い合える関係が、教え合うことなのである。

49 先生が大好き

S先生が大好きだから国語の学習が好きになった。K先生の世の中の話が好きでいつのまにか社会科が好きになった。R先生の素敵なピアノの演奏にあこがれて音楽をがんばるようになった。

① 教師の人間的魅力

上の写真は、保育園児が、大好きな先生（保育士）の真似をしながら「先生とお友達、握手をしよう、ギュッギュッギュッギュッ」と大騒ぎをして歌っているところである。先生と会いたいからと朝早くからウキウキしているということである。保育園児でさえこうなのだから、子どもの学ぶ意欲が、教師への好き嫌いに左右されることのあることは事実のようである。

ある調査（東京都立教育研究所・小中学校教育研究室　一九九〇）によると、小・中学校の教師の多くが専門性や指導技術の向上に加えて、人間的な魅力を身につけることを研修の目標にしている。教師自身も子どもの学ぶ意欲に、なんらかのかたちで教師の人間的魅力のかかわっていることに気づいているようである。

だからといって、そう簡単に人間的魅力をそなえることが実現できるものではない。明るく前向きな生き方をし、子どもの発想、気持ちや悩み、事情をまるごと受けとめ、本気で子どもとかかわり、厳しさとそれより何倍もの優しさのある、そんな教師を目指したらどうだろうか。まじめな子どもも、枠からはみ出る子どもも、できる子どももできない子どもも、公平に大切にできる教師が、本物の教師である。

② 教師の専門性

教師の高い専門性に触れて感動し、尊敬し、自分も「ああなりたい」というあこがれが、その教科の学習への意欲づけになることもある。高い専門性に裏付けられた、明解で、簡潔な、わかりやすい授業を展開することが求められる。最近、内容をうまく説明できない教師が増えている。

③ 教師の学ぶ意欲

子どもにとって、教師はモデルであると再度言いたい。学ぶ意欲のある生活ぶりも当然子どものモデルとして必要である。教材研究をしない教師、読書をしない教師、校内研究を避けようとする教師は、自らの授業力向上を放棄していると同時に子どもからも見放されている。

④ 教師の使命感や社会性

「子どもは親の背中を見て育つ」ということが本当なら、「子どもは教師の背中を見て育つ」ということもまた真実である。教職に強い使命感をもって教育のため、子どものため、社会のためにかかわる教師の姿は、子どもに好ましい影響を与えるはずである。

F 評価の仕方を工夫する

教師が市民から敬遠されるのは、「評価」によって、特に学習のできる・できないによって、あたかも人間そのものを価値づけられたかのような扱いを受けた体験をもっているからである。今後、評価の仕方を次のような視点から転換することが重要である。

その第一は、学校における限定した評価であるということである。学校の子どもに対する評価は、教師が指導したことに限定して行うものである。教師が指導した（子どもが学習した）ことについて評価するのであって、子どもの人間性や既習事項以外のことを評価することを求めていない。必要のない評価で子どもを苦しめてはならない。

第二は、進歩している過程の評価にすぎないということである。教師による子どもの評価は、これから進歩していく過程（ある時点）を切り取って行っているものであって、その子どもの将来の姿を断定しているのではないのである。

第三は、子どもや保護者に対して評価を開くということである。通知表に頼りすぎず、子どもの評価情報を公開し、リアルタイムに「確認と支援・指導」を行って、子どもの成長を促すものとして評価を機能させる必要がある。そうすれば評価が学ぶ意欲を高めるきっかけになる。

50 子どもの「したこと」を評価する

「また間違ったの？」「Nさんはいつもすごいね」「それに比べて、Aさんはあまり考えていないね」などの言葉は、子どもを傷つけ、学習に対する嫌悪感を助長する。

①「子ども」と「子どものしたこと」

「また、お前か！」という教師の感性は貧困である。子どもの全体、子どもという人間そのものを評価の対象にしているからである。教師が子どもについて評価する対象は「子どものしたこと」だけである。したことに注文はつけても、子どもを責めてはならないということである。

② 子どものしたことを認める

したがって、子どものよさや進歩を認める際にも、その子どものしたこと、よい発想、工夫、進歩した具体的な事実を見つけ、取り上げることが重要である。したことを具体的に認める評価は、子どもをよい心持ちにし、これからもそうしようと意欲が高まっていく。

③ 子どものしたことにのみ注文をつける

子どもに注文をつけ、改善を促し、進歩させようとする場合も、「したこと」を具体的に取り上げ、どのようにしたらよくなるか、どのようにしたらつまずきを解消できるか、わからせていくのである。子どもがその気になる注文のつけ方のできるのがプロの教師である。

51 小さなよいところを見つけて認める

子どもの評価をするとき、教師は「完璧な完成品としての全体」を評価基準にしがちである。だから、特定の子どもを除いては、ダメ、もう少しという評価が多くなってしまう。

① まず、目標に照らして

評価は、目標（評価基準）に照らして行うことが原則である。したがって、第一に行うことは、目標（評価基準）を達成できているかどうかを評価し、その結果を子どもに知らせるべきである。目標と異なる視点からの評価は次の次のことである。

② 全体より部分を見よう

作品や結果の完成度から見ると、ほとんどの子どもの評価は未達成、不十分と見えてしまう。全体という完成度から見るのではなく、目標という部分、その子どものキラリと光る部分を見て、それをほめて自覚させることによりやる気を引き出すことができる。

③ よさを見つけ出す目を養おう

よさを見つけ出すことができるようになると、そのよさをさらに伸ばすためにはここを直したほうがよいと、注文をつけることも見つけやすくなる。これは、一部にある何でも無理にでもほめるべきだとする誤解とは一線を画するものである。

52 進歩したこと・直したことを見つけて認める

評価ではよさや進歩を積極的に取り上げる肯定的評価と、改善することを前提にした注文をつける否定的評価が、ほどよく調和していることが重要である。

① 進歩したことを認める

学ぶ意欲は、自分が進歩したことを実感できたときである。この調子で学習を進めていけばさらにわかり、できるようになっていくと自分の学びに自信がもてるようになるからである。どこがどのように進歩したかを知らせて認め、ほめることにより学ぶ意欲は向上していく。

② 直したことを認める

図形がきちんとかけない、クロールの息継ぎがうまくいかない、本が上手に読めないなどの悩みを子どもはもっている。子どもに支援・指導の手だてを講じたら「十分に達成している」評価基準で評価するのではなく、うまくいかなかったそのことがどれだけ評価基準に近づいたか、改善の状況、進歩の様子を肯定的に評価すると、子どものやる気はわき上がってくる。

③ 子どもに学び方の方向性を教える

子どものよさを捉えて励ましていく肯定的評価と、注文をつけ改善に取り組ませる否定的評価を調和させると、「このように学んでいけばよい」という方向性を教えることができる。

53 プロセス・努力・工夫を評価する

結果や出来ばえだけで評価していたら一部の子どもだけが優越感に浸り、多くの子どもが学習がつまらなくなり、学ぶ意欲は低下していくであろう。

① 結果も過程も評価する

結果や出来ばえは、目標（評価基準）に照らして評価すべきで、友達との比較で行うべきではない。その上で、結果や出来ばえを支えた、追究や製作の過程に子どもがどのようにかかわったかを評価するようにし、次の段階の学び方や追究の仕方の進歩につなげていく。

② 子どもの解決や作成への計画や修正を評価する

予期した結果が得られないこともある。子どもはこの段階で学ぶ意欲を急激に低下させる。そこで、解決の過程でこの子どもが、望む結果が得られるように計画を変えたり、方法を修正したりしようとしている事実を見つけ、プロセスにおける発想や工夫を大きく評価する。

③ 子どもの解決や作成への努力を評価する

プロは過程ではなく結果で評価される。アマチュアは結果が出なくとも過程の努力が評価されることがある。子どもの評価は、努力が評価されるべきであると考えるが、よりよい結果を求め続けるための努力であるからこそ評価されることを、子どもに伝えたい。

54 その時・その場の評価と支援をする

「二学期制を取り入れたら通知表の評価をじっくり丁寧に進めることができた」「夏休みを前期に組み入れることにより個人面談を設定して保護者に学習状況を十分説明できた」というが、「なぜ、その時に言ってくれなかったのですか、今ごろになって言われても」という保護者のつぶやきに耳を傾けたい。子どもは通知表や個人面談で育つのではなく、授業で育つのである。

① 後からでは遅い

「笛がまだ吹けない」「忘れ物が多くて学習に支障がある」「計算が苦手」などと面談のとき言われた。保護者は、その時に言ってくれれば家庭でもがんばらせることができた。通知表に「友達と仲よくしましょう」と書かれたが、こんなところに書かないで連絡帳で連絡してほしい、と保護者は内心思っている。後からでは遅い。その時、教師はどうしたのか。家庭に連絡して一緒に改善することを考えなかったのか。学習状況や達成状況を捉えたその時に、改善の手だてを講じなければ、子どもの進歩の機会は先送りになり、学ぶ意欲も高まらないのである。

② その時・その場での支援・指導

評価の大事なことは、授業中や学校生活の時々刻々に対応して、その時・その場でタイムリーに支援・指導することである。適時、適切とはまさにそういうことである。

55 提出物へのコメントを工夫する

提出物へのコメントを子どもは楽しみにしている。そして、教師からのコメントで自分が認められ、励まされて意欲的になっていく子どもは実に多いのである。

① 提出物はシミュレーションの材料

提出物（作品やレポート、ポートフォリオなど）は、問題（課題）をどのように解決（達成）するかというシミュレーション（見えない学力）を評価するための材料である。したがって、出来ばえだけでなく、取り組み方など解決の方法や過程についてコメントするようにする。

② 目標に照らして

当然、重点とした目標に照らして、その視点から評価したことを中心にコメントする。目標に対する達成の状況から見たよい点と注文についてコメントする。注文については、どのように取り組むと改善できるか、方向性を示唆して意欲づけることが大切である。

③ 発想・工夫を評価する

課題に対する作品としての評価も大事であるが、その解決過程で子どもが用いた発想や工夫を見ぬいて、よさや改善点についてコメントすることが重要である。「よくがんばりました。この次もしっかりね」というような曖昧で教育的愛情の感じられないコメントでは不満である。

56 採点の仕方を改善する

教室の掲示板に大きな「ハナマル」をかいた作文がはってある。子どものノートや学習シートにも「ハナマル」がついている。子どもは喜んでいるが、本当に評価になっているのだろうか。子どもの学ぶ意欲は高まるのだろうか。

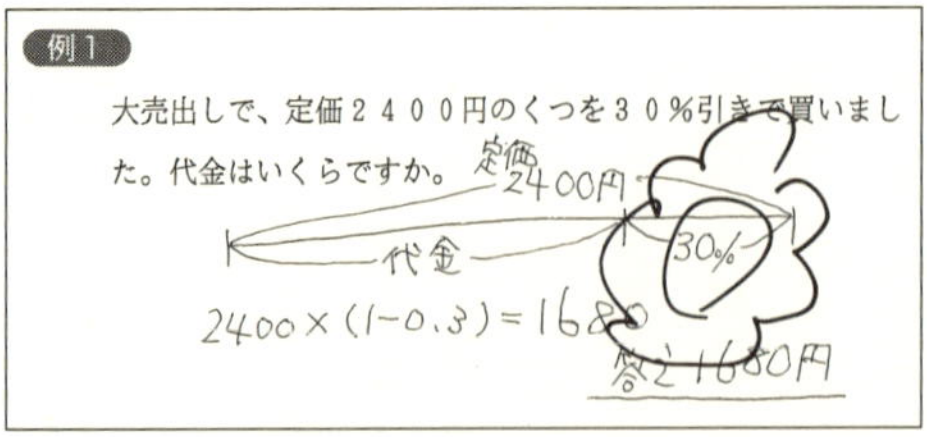
例1
大売出しで、定価２４００円のくつを３０％引きで買いました。代金はいくらですか。
定価
2400円
代金
30%
2400×(1−0.3)=1680
答え1680円

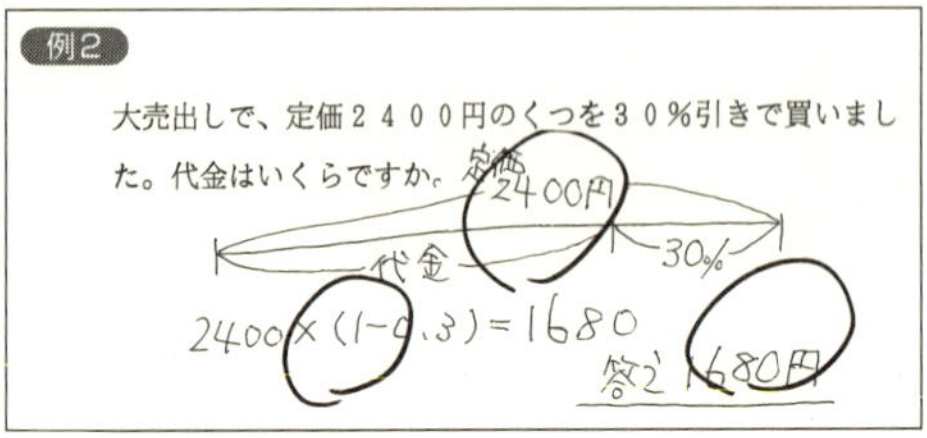
例2
大売出しで、定価２４００円のくつを３０％引きで買いました。代金はいくらですか。
定価
2400円
代金
30%
2400×(1−0.3)=1680
答え1680円

① 採点は知識・技能、考え方の確認

採点や添削をするということは、学習した知識や技能、考え方が身についているか、活用できるようになっているかを確認する作業である。だから、上の例1ではなく、例2のように丁寧に評価しなければ真意は子どもに伝わらない。

② 子どもへの点検・評価の仕方のモデル

教師のテストの採点や作品の添削の仕方は、子どもの自己評価のモデルになる。したがって、内容を大雑把にしか見ない「ハナマル」の評価にはほとんど価値がないのである。

G ほめ方・叱り方を改善する

何かしさえすればほめられてばかりという状況が続くと、子どもは感動しなくなり、意欲は停滞するか低下する。逆に、何をしても注文をつけられっぱなしで叱られてばかりいる子どもは、無気力になり、学ぶ意欲がほとんどなくなる。このことはよく知られていることである。

ところが、教師は、現実にはこのことを自覚していない。ある子どもたちは常に目標を十分に達成しているとほめられている。残りのある子どもたちは、おおむね目標を達成できる状況なのでほめられたり、叱られたりしている。そして、努力を要する子どもたちは、目標に達していないのでいつも叱られて（もちろん注文をつけているだけでけっして叱ってはいないのであるが）ばかりいる。

教師のほうでは、子ども全体を括って見ているので、ほめることと叱ることのバランスが取れているかのように錯覚をしているのである。子どもの側に立てば、一人一人なので、「ほめられ通し」「ほめられたり叱られたり」「叱られ通し」と偏っているのである。

ほめ方、叱り方のテクニックもあるが、子ども一人一人にほめることと叱ることのバランスを取って、物事や学習にやる気を起こすような方向で改善したいものである。

57 肯定的評価（ほめる）を上手に使う

ほめられると、大人でも「お世辞を言って」などと言いながらまんざらでもない顔をしている。子どもは、肯定的評価をされてほめられると大喜びをする。この肯定的評価をうまく活用すると学ぶ意欲を高めることができる。

① ほめて自信をもたせる

肯定的評価は、何でも「よい」と言ってほめてばかりということではない。何がどのようによかったのか具体的に捉えて、子どもに知らせ、価値づけてほめるのである。子どもは、このようにすればよいのかと自信をもち、進んで学習に取り組むようになっていく。

② 下学年では取り組んだことをほめる

下学年の子どもに対しては、成功したら結果と取り組み方をほめる。結果がうまくいかない子どもには取り組んだこと自体をほめ、どうすれば成功したかを指導する。取り組み方や解決の仕方を工夫すればあなたにもできると強烈に印象づけることが重要である。

③ 上学年では取り組み方のよさをほめる

上学年では、結果や取り組んだことに加え、取り組み方のよさもほめるようにする。価値ある取り組み方を見つけ、なぜそれがよいのか具体的にほめないと子どもは満足しない。

58 「ほめる語彙」をたくさんもち、上手に使う

「よくがんばりました」「とてもよくできました」「大変よろしい」これらに加えて「ハナマル」だけだとしたら、子どもに見放されてしまうだろう。「ほめる語彙」をもう少し増やして、子どもの心にしみ入るほめ方を演出し、やる気を引き出し高めることが必要である。

○大変よくできました。最後までがんばりました。とてもよい工夫をしています。わかりやすく表現できました。きれいに書けています。

○なぜそれでよいのか、わかるように表現できています。どこを工夫したのかがよくわかりました。とてもよいところに目を着け、素晴らしいです。あなたの親切な心が伝わってきました。

○自分の意見をきちんともち、うまく説明できています。

○自分だけでなく、みんなのことをよく考えています。◯◯の体験を通してわかったことや感じたことがよく整理してあります。□□などの工夫は素晴らしい、今後もいいアイデアを期待しています。パソコンで調べたことを直接担当者にインタビューして確かめたことが大変よい。工夫したので本物の画家のような作品ができました。

○ポートフォリオにまとめたことと、自分が何を得たか加えたことがよかったです。調べたこともよかったが、自分がそこから何をどのように見つけたか、整理してあることが大変よい。

59 否定的評価（注文をつける）を上手に使う

校内研究会で「私はもっと勉強したいのでみなさんの厳しい意見をお願いします」と言った授業者が、辛口の意見を言われ、下を向き、やがて泣き出してしまうことがある。大人でさえ、否定的評価（注文をつける）をされるとつらくなってしまうものである。ましてや、子どもだったらよほど配慮しないと、教師の一言にショックを受け、学ぶ意欲を失うことがあるかもしれない。

① ほめるついでに注文をつける

先によい点をほめ、さらによくしていくための課題を示して注文をつけるようにすると冷静に受けとめられることが多い。

② 後ろ向きの注文をつけない

「よくできた。△△を直すともっとよくなるよ。がんばりなさい」と言われれば否定的評価も苦にならない。ところが、「それでもいいんだけど、○○がダメなんだよ」と後ろ向きの注文をつけられたら、下を向くより仕方がなくなる。愛情のある注文のつけ方をしたい。

③ 教師と子どもの信頼関係

子どものことを思っての言葉かけや態度、ふれあいがあり、教師と子どもの人間関係・信頼関係が確立していれば、否定的評価（注文をつける）も素直に通じるものである。

60 プライドをくすぐる

信頼されたり期待されたりすることは、それが適度であれば、物事に取り組むやる気や学習に取り組む意欲を高めるきっかけになるようである。大人も子どもも、プライドをくすぐられると、ついついその気になってしまうものらしい。

① いつでも子どもを信じる

子どもの心と可能性を信じることが教師には不可欠である。教師は、私は君たちを信じているということを普段からさりげなく子どもたちに発信しておくことが重要である。もちろん子どもたちから信じられている教師であることが前提である。

② 信頼を根底に置く

そして、その信頼をもとに、評価をした結果をわかりやすく子どもに伝える。工夫して努力していたのできっとやりとげると思っていたとほめられれば、次からもきっと意欲的にがんばる。

③ 期待して支える

「いつものように取り組めば、あなたならできるよ」と大好きな先生から期待されれば、きっと意欲的に取り組むに違いない。そして、それが実現するように、教師は子どもを陰に陽に支えるのである。期待に応えようとしての取り組みが学ぶ意欲に昇華することは、十分にあり得る。

H 「学習成果」の原因の求め方を変える

スポーツ選手の優勝インタビューでは、その要因をコーチなどスタッフの支えによると答える人が多い。ところが、優勝候補だったにもかかわらず一回戦敗退の選手の弁は、自分の実力と努力不足を挙げ、原因を自分に求めている。

でも、一般的には自分にとって都合のよいことが起こったとき、その原因を自分の才能や努力にあると考える人が多い。そして、都合の悪いことについては、その原因を他人のせいにすることがけっして少なくない。

この一般の人の傾向は子どもにも共通している。テストの成績がよかったときは、「自分ががんばったからだ。自分は勉強ができるからだ」というように、その原因を自分に求めている。ところが、テストの得点がひどかったときは、「問題が難しすぎた。先生の説明がわかりにくかった。調べ学習の宿題が忙しくて勉強する時間がなかった」などと他人のせいにしている。

よしあしにかかわらず、結果の原因をどこに求めるかは、子どもの学ぶ意欲を高める上で重要なことのように思える。勉強すればできるようになるという有能感が、よりよくなりたいと思っている自分を、よくなれる自分にする行動への契機になると考えるからである。

61 成功体験をさせる

学習の有用性や自分の有能性を自覚させることにより、「学習すればできるようになる、努力すればわかるようになる」からと意欲的に学習するようになる。

① 成功体験をさせる

自信をもたせるために、自分の力でやりとげることができたという成功体験をさせる。はじめは、どのようにするのか例を示しながら取り組ませ、しだいにやや難しいことに挑戦させるようにする。「わかった、できた、達成した」体験は、次もがんばろうという意欲に高まっていく。

② 工夫して成功した体験をさせる

なかなか思うように進まない。あれこれやってみるがうまくいかない。いろいろ試しているうちに、すーっと解決できた。時間はかかったが、工夫し、ねばり強く取り組んだ結果解決できた体験は素晴らしい。少々のことにはあきらめない学ぶ意欲が育っていく。

③ いろいろな成功の仕方があることを実感させる

子どもは、正解は一つしかなく、正しい答えがはじめから存在しているような思い込みをしている。そのために、「いい答え、正しい答え」を拙速に求めがちである。友達のいろいろな解決の仕方に触れさせ、いろいろな成功例があることを認識させ、自分流を求めさせたい。

62 成功の原因を自覚させる

問題が解決できた。作品を満足できるレベルで完成させることができた。目標を高い水準で達成できた。これは、何が要因でもたらされたのかを分析し、確認させ、自覚させることが学ぶ意欲を高め、自立した学習者に育てるために大切なことである。

① 自分の能力や努力に求める

優勝した。成功した。点数がよかった。満足できるものができ上がった。と、これだけで終わらせてはならない。その要因を、自分が工夫したから、努力したから、普段よく勉強したからなどと自覚させるのである。次の機会にも同じような取り組みを意欲的にするであろう。

② 友達との学び合いに求める

うまくいったのは、自分の能力や努力だけでなく、友達と学び合ってよい考え方を知ったり、ヒントをもらったりしたからである。このような分析ができるようになると、他の人から学びとることができるようになり、みんなと楽しく勉強することができるようになる。

③ 先生の指導や家族の応援などのお陰である

もちろん、先生の適切な指導や援助、家族の支え・応援にも目が向くようにしたい。そのことによって、先生や家族に感謝し、いっそうがんばろうとする心情になるからである。

63 失敗を克服した体験をさせる

通常は、失敗は学ぶ意欲の減退につながることが多い。特に低学年にその傾向が強い。したがって、失敗を失敗のままにしておいたとしたらそれがトラウマとなって、勉強嫌いをつくってしまうかもしれない。

① 失敗は克服させる

失敗はそのままにしておくとそれは単なる失敗である。ところが、なぜ失敗したのかを探らせ、見事に解決できたら満足感は倍増する。失敗を克服させる支援・指導が大切である。失敗を克服できた体験は、自信を生み、どのような課題に対しても意欲的に取り組む子どもにしていく。

② 失敗を克服できたことの価値は大きい

見事に成功したことも素晴らしいが、失敗したことにもう一度挑戦し、工夫して成功に導いたことはもっと価値の大きい素晴らしいことである。失敗を克服できるよう支援・指導し、克服できたらそれをみんなに紹介し、奨励していく。

③ 失敗を恐れない構えをつくる

失敗しても簡単にはあきらめない。失敗したように見えても、工夫すれば成功させることができる。このように失敗を恐れない、可能性を信じて追求していく構えをつくるようにする。

64 失敗の原因を自覚させる

失敗をしたからと落胆するのではなく、それをどうしたら乗りこえることができるかと、前向きに考えるような子どもにしたい。これはかなり高度な学ぶ意欲である。

① 失敗は気になるが苦にしない

失敗すること、うまくいかないことはだれにもあることを知らせる。失敗は、「どうして失敗したのだろう?」と気にし、何とかしようと工夫することが大切である。が、「失敗してしまった。もうだめだ!」と苦にする必要はないことを子どもに知らせておく。

② 原因を捉えさせる

失敗の原因を「自分の努力不足だ。勉強したことが身についていなかった」という子どもと、「テストが難しすぎた」「先生の教え方が下手だから」「手伝いが忙しすぎた」などと他人のせいにする子どもがいる。どちらも否定できないが、やればできるのに勉強の仕方がまずかった(不足した)と捉える子どものほうが成績は向上し、学ぶ意欲の高まる傾向がある。

③ 原因をもとに乗りこえる作戦を立て実行する

つまずきや失敗の原因がわかったら、乗りこえるための計画(作戦)を立てさせ、実行できるように教師が支えることが大切である。これが底力となって学ぶ意欲を支えていく。

65 自己評価力（メタ認知力）を育てる

自分のことが見つめられるようになると最高である。自分は何がわかって何がまだわかっていないのか。自分は何ができて、まだ何ができるようになっていないのか。このような自己評価力（メタ認知力）を育てることが大切である。自己評価力に支えられた学ぶ意欲を子どもに育てることができたら生涯学習社会に通用するであろう。

① 学習の内容の振り返り

自己評価で大切なことは学習を振り返り、「何（知識・技能、考え方）がわかり」「何がわからなかったか」を大まかに捉えることができるようにすることである。「楽しかった」「がんばった」というような感情を記録させるだけでは、自己評価力は育たない。

② これから何をするべきか

その上で「不十分なこと」があれば、これからどのようにしていくか考え、実行させていくことが重要である。自己評価は自分を改善し、将来に向かって学習するためのものである。

③ もっとしたいことを追究させる

さらに、これから学習したいこと、もっと学習したいことを展望したり希望させたりして、なるべく学習課題に組み込んで追究させることが必要である。

1 「学習の仕方」を身につけさせる

「学習の仕方」「学び方」とはどのようなことであろうか。教師は学習の仕方を身につけさせると言いながら、その具体的な姿を子どもや保護者に語ることは少ない。本当は教師もわかっていないのか、それともうまく説明できないだけなのだろうか

わからないことがあったらどうするか、小学校高学年の子どもたちに複数回答で調べたら、「先生に聞く」四八%、「友達に聞く」六七%、「家族に聞く」六七%、「塾の先生に聞く」二三%、「教科書やノートを見る」六三%、「似た問題を探す」二七%、「次の授業をがんばる」三九%、「友達とみんなで考える」一四%、「そのままにしておく」一〇%であった（東京都・岐阜県公立小学校児童九二五人への調査。（財）総合初等教育研究所二〇〇四）。

子どもは案外しっかりしているものである。しかし、このままでは不十分である。問題（課題）を自力で解決（達成）する、作品をつくり上げる、ある事柄をやりとげるという場合は、どのようにしたらうまく進めることができるか、取り組み方の基本を知っておくと便利である。したがって、自力解決、自作がよいとはいうものの、どのようにしたらそのようにできるようになるか「自分でする」ことの体験をさまざまにさせ、指導することが必要になる。

66 予習・復習・練習の習慣をつける

小学生の予習・復習・練習の習慣について定説はないが、おおむね次のように考えて習慣づけるようにするとよいと思われる。

① 低学年の家庭での学習

低学年の家庭での学習は、読書と復習・練習を中心に、学校で学習したことを繰り返すということが大切である。そして、確実に定着しているか、こまめに確認していくことが必要である。

② 中学年の家庭での学習

家庭での学習は、読書と復習・練習を中心に繰り返し学習を進める。内容が難しくなってくるのでこまめに到達度を確認し、必要な補充学習をする。学習の準備を進んでするように促し、社会科や総合的な学習などでは予習をしてくるよう奨励する。

③ 高学年の家庭での学習

読書、復習や練習中心の家庭学習で十分である。ただし、各教科の節目節目にある導入課題を除いては、予習することを求めてもよい発達段階である。もちろん、予習の仕方については丁寧なオリエンテーションが必要である。作文、問題解決、自由勉強など幅広く学習することを奨励して、テスト目当ての学習から脱却させる時期である。

67 作業的な活動・体験的な活動を奨励する

作業的な活動や体験的な活動を、考えることより一段低くみる教師がいるが、誤解である。人間は、子どもも大人も、物を使ったり、図にかいたりなど外に見えるようにしながら考える場合と、頭の中であれこれと思いめぐらせながら考える場合の両方を使っている。学び方の根本は、企画する（見通しを立てる）、考える、表現するなどにある。

①　作業的・体験的な活動を通して

自分で行動して資料を収集する。実際に試してみる。観察や実験をして確かめる。このような作業的・体験的な活動を通して、考える、表現する子どもにしていくのである。

②　映像や表、関係図を用いた活動を通して

次の段階では、図などを用いた活動を通して発想の手がかりを得たり、考えたことを表現させたりさせる。そしてしだいに少しずつ、子どもが抽象的に考えられるようにしていく。

③　文章や式・記号を用いた活動を通して

そして、文章や式・記号を用いた活動を通して考えたり、解決したことを表現することができるようにしていく。各教科の中で、このような取り組みを奨励していくようにしたい。「やってみたい」を「できた」につなげることが、学ぶ意欲を高めるのである。

68　読解力・表現力をつける

学び方は、物事の読み解き方と表現の仕方に支えられる面があると考えられる。課題を発見し、その解決の本質を見抜き、追究し、判断し、表現し、発信していくからである。

①　事実や状況を理解する

事実やデータ、文章を読み通して、そこにどのような主張、きまり、真実が表現されているかを理解することが重要である。国語の読解、社会・算数・理科の課題把握に相当する。

②　批判し課題を取り出す

提起されたことの内容が理解できたら、それを批判（肯定的にも否定的にも）し、自分の課題を見つける。これが、いつも教師から課題を与えられている日本の子どもの弱いところである。

③　自分の考えや判断をハッキリさせる

課題に対して自分で考え、判断して、自分の主張としてまとめる。内容としては、社会、算数、理科、総合的な学習などで扱っている。

④　主張を表現し発信する

自分の主張を根拠を挙げて、わかりやすく表現し、説明し（発信し）、学び合えるようにしていく。表現力としては、国語をはじめ各教科、道徳、総合的な学習などで扱っている。

69 辞典・百科事典・図鑑・参考書の使い方を指導する

調べればわかるのに、そのままにしておくことがある。調べ方がわかっていれば、覚えておかなくてもいいことがたくさんある。情報の収集・活用の仕方も学ぶ意欲に関連している。

①　図書館の使い方を指導する

図書館は、物語や小説を読むだけのところではない。辞典・百科事典・図鑑・参考書などがたくさんあり、さまざまなことを調べることができる。このことを子どもにきちんと指導したい。

②　辞典や地図をこまめに使わせる

わからないことがあったらすぐ調べる。曖昧なことは確認する。このことをこまめにやっていると基本的なことは自然に覚え、使えるようになる。これらも学び方の一つである。

③　雑誌、新聞、テレビなどの情報に関心をもたせる

生活や世の中のことに関心をもち、「そういうことか」「こうなっているのか」と意識することも、学びを豊かにしていく。種々雑多の中から情報を選択し活用する力は、大切なものである。

④　参考書の使い方を指導する

どのようにしたら解決できるか、どのようになっているのかなど、参考書を使うと教科書よりもよくわかることがある。参考書の使い方を指導すると、学び方は一挙に広がっていく。

70 インターネットなどパソコンの使い方を指導する

子どもがパソコンを使うのは、どこの学校でも日常化している。パソコンの機能を有効に活用させ、学習を進めやすくし、学ぶ意欲を高めることにつなげたい。

① 必要に応じて基本操作を習得させる

自分で鉛筆で書き、色を塗り、はさみで切るということが小学生の基本である。しかし、一年生から必要に応じてパソコンの基本操作を習得させることが必要である。

② 情報収集の機能を使わせる

現在は活字情報だけでなく、パソコンなど先端技術を通じての情報も当たり前の時代になっている。情報を検索・収集する技術と、価値と真偽を確認する能力・態度を育てたい。

③ 文書・表・グラフ作成などの機能を使わせる

パソコンでは、文書・表・グラフ作成などの機能を活用できるようにしていきたい。ただし、漢字、計算、表作成を手書きでする技能は著しく低下していくことに留意する必要がある。

④ 情報モラルを徹底する

情報検索や活用・加工に伴う著作権、ホームページやメールにかかわる人権・個人情報・品性の問題については、明確に厳しく指導しておくことが重要である。

71 問題解決の仕方に合ったノートの使い方を指導する

ノートの指導が大切だと言われるわりには、実際の教室の中では、あまり体系的に指導されていないようである。学び方の典型である問題解決の仕方に合ったノート指導をして、考え方、考えた過程や結果を整理する技能を身につけさせたい。

① ノートの書き方の基本

ノートを、計算や板書を書き写すメモ帳をこえるものとして子どもに指導すると、学び方とともに問題解決の典型を身につける機会となる。問題（課題）、解決の見通し・計画、自分の考えや仕方、結果、友達の意見や学んだこと、本時でわかったことや感想などを、ノートに見開きで書かせるなどの基本を、発達段階に応じて指導していくようにする。

② 発想の手がかりを得るためのノートの利用

処理の仕方や考え方を見つけようとしているときのノートは、落書きのようになっていてもよい。手がかりが得られたら、その後からは少し丁寧に書けばよいのである。

③ 仕方や考え方の整理

自分の仕方や考え方を整理して書き留めておくことを子どもに求めたい。書き表すことによって、自分で修正したり、ハッキリさせたり、発表するときの手がかりにもなるからである。

J 学習ルールを確立する

学級崩壊で悩んでいる教師は少なくない。学級崩壊は、実は授業崩壊で、授業が成立していないのである。授業の成立しない学級では、多くの子どもの学習権が奪われ、学ぶ意欲は人為的に妨げられることになる。

授業崩壊のいちばんの被害者、悲しい思いをするのは子どもたちである。授業に参加しない子どもも、学習したくともやれないでいる子どもも、双方がイライラしている。担任は、学年教師や同僚教師、管理職に相談し、援助を受け、正常な授業が展開できるように回復させることが急がれる。

さらに、保護者に、現在の状況、学校や担任のしていることをはっきりと伝え、協力してもらいたいことを依頼することが考えられる。どの子どもが原因になっているらしいと、子どもに原因を求めてはならない。家庭のしつけが不足しているからだと、他人のせいにしてはならない。

授業崩壊の最大の原因は、学校が一貫的に、担任が子どもの実態に応じて学習ルールの確立を徹底してこなかったことと、学習の楽しさを実感させられないでいることにある。

72 生活指導を徹底する

生活指導と学ぶ意欲は関係が薄いように受けとめられている向きがある。挨拶、普通の言葉づかい、基本的なマナーやきまり、思いやりなどが、ほどよく定着している学校の授業は、落ち着いて進められている。そうでない学校の教室からは、子どもが飛び出してきたり、机にうつ伏せて寝ていたり、学習に関係のない勝手なおしゃべりで賑やかになっている。実は生活指導は、学習の成立や学ぶ意欲と関係が深いのである。

① 簡単で数少ない約束やきまりを徹底する

生活指導は授業を根本で支えている。約束やきまりを軽視する子どもたちには、真剣さやねばり強さがない。少しの困難を投げ出し、次元の低いふざけに楽しみを求めてしまうからである。

② 学校として一貫した指導をする

生活指導は、担任が一人でがんばることではない。学校として全学年共通したものを一貫して指導することが大切である。優しさを売り物にする人気教師が乱すこともあるので留意したい。

③ 家庭にも知らせ協力してもらう

学校の生活指導と家庭や地域の常識があまりずれないようにすることが重要である。家庭や地域の町会などにも知らせ、学校でも地域社会でも通用する生活指導にしたい。

73 学習ルールを確立する

授業崩壊を防ぐため、学ぶ意欲を高めるために、学習ルールを確立することが大切である。これは、担任だけでなく、学校が一丸となって一貫した取り組みをすると効果的である。難しいことではなく、必要最小限のことをしつけていくことが大事である。

① 授業開始のしつけ

学習の準備、特に忘れ物、筆記用具の確認は自分でできるように低学年からしつける。授業開始もモタモタせず、背骨を伸ばし姿勢をよくすることを兼ねて「起立、礼！」ですぐにはじめる。

② 話の聞き方・発言の仕方のしつけ

先生や友達の話を聞こうと意識して聞くようにする。自分の考えや意見は伝えようと意識して話す。友達の意見を聞いて、間違いやおかしいことに気づいても笑ったり冷やかしたりしないで、どうしたら正しくなるか教えてあげる。このような基本を徹底してしつける。

③ わからないときにどうするかのしつけ

できないことに引け目を感じながら、わからないことやできないことをそのままにしてしまう子どもが、どの教室にも一〇％前後いるようである。わからないときは質問するとか、教師のところへ教わりにくることをしつける必要がある。できるようになれば、学ぶ意欲は高まる。

74 自己を見つめることができるようにする

自分の生活の仕方は、学習の進め方は、友達との関係は、などと自分のことを見つめることのできる子どもにすることが大切である。自分の学習の進め方を見つめられるようになると、それは学ぶ意欲の高まりを促すことになるからである。

① 注意されたときの態度

注意されると、対象になっている事実を横において、叱られたということに反発したり、すねたりする子どもがいる。このような子どもはいつまでたっても改善しない。やっていなければやっていないと主張し、やったのなら認めて改めるという潔さを家庭と協力して育てたい。

② 不足がわかったときの態度

テストや作品の評価が低いとごみ箱に捨ててしまう子どもがいる。間違っているところを知らせると固まってしまう子どももいる。どこがよくて、どこがよくなかったのか、これからどうすればよいのかと前向きに取り組むことを具体的に教え、しつけることが必要である。

③ 相手のよさに学ぶ態度

自分だけのことではなく、友達のよさを見つけて学んだり、つまずきが見つかったらこうするといいよと優しく教えてあげられる子どもにしたい。

Ⓚ 人間関係を安定させる

学校（学級）は、多くの子どもたちが集団で学習するところである。多くの子どものかかわりの中で授業は展開していく。したがって、子どもの人間関係が安定していることが、学習にじっくりと取り組めることになり、学ぶ意欲と深くかかわってくる。

子どもの関係は、①のように二人が最小単位である。低学年では、この関係をしっかりさせて、②のグループでも関係が結べるようにしていく。

中学年では、①を導入にして、②の人間関係がうまくとれるようにし、高学年では、②を常用し、グループの規模が少し大きくなっても人間関係をつくることができ、維持できるようにしていく。

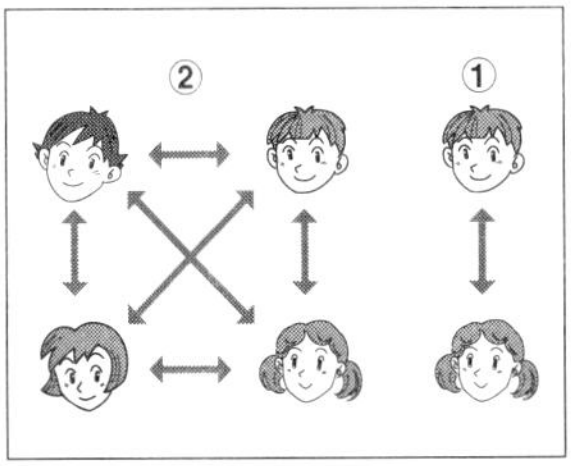

もちろん、低学年は学級全体として、中学年・高学年になったら学年全体で、また異学年でも人間関係が結べるようにしていく。そして、学級全体や学年全体のような大集団における人間関係は、教師が指導し、調整し、維持しながら進めることが不可欠である。学校生活も、学習も、人間関係の安定がやる気につながっていくからである。

75 担任と子どもの信頼関係を確立する

学校における人間関係の基本は、担任と学級の子どもたちの人間関係が自然で、あたたかく、信頼感で結ばれていることである。不安定でギスギスした教師と子どもたちの関係が、授業崩壊を起こしている例は少なくない。

① 明解で一貫した方針

担任と子どもたちの人間関係がしっくりいっていないときは、授業崩壊が起こりやすく、学ぶ意欲は低下する。明解で一貫した方針で、あたたかみのある学級づくりを進めたい。

② 公平・公正なかかわり

善悪をはっきりさせて、いいことは認め、ほめ、悪いことは厳しく諭していく。どの子どもに対しても、だれが見ても、公平で公正な扱いをしていくことを教師は自らに厳しく求めていく。

③ 生活も勉強もとことん面倒を見る

学校では、生活上のことでも、授業のことでもさまざまなことが起きる。生活上のことではいじめや喧嘩、悩みごとなどである。授業のことでは、わからない・できないということが気にかかる。これらに対して本気でぶつかり、とことん面倒を見ることである。金八先生は生徒に熱く語り生活指導をとことん面倒を見るが、現実の教師は学習のこともとことん面倒を見るのである。

76 子どもと子どもの人間関係を安定させる

子どもはよく対立し、喧嘩をする。陰口や噂も好きである。大人と同じである。これをそのままにしておくと、強い者、ずるがしこい者、すぐれた者が学級を支配してしまい、普通の子どもやおとなしい子どもがのびのびと生活したり学習したりすることができなくなる。学級全体の学習への意欲も、個々の子どもの学ぶ意欲も失われていく。

① 自由にものが言えるためのマナー

自由にものが言え、ああだ、こうだと話し合いが素朴に進められる、ぬくもりのある雰囲気を学級の中につくりたい。担任が率先して実践し、仕向けていくようにする。

② 生産的な前向きの学級にする

だれかが原因でトラブルが起こったり、失敗したりすることがある。少しは原因を探すことも必要ではあるが、それより、どうしたら解決できるか、どのようにすれば失敗が取り戻せるかと視点を変えてやるとよい。生産的な前向きの学級にすると学ぶ意欲にも好影響を及ぼす。

③ 仲直りの仕方をしつける

エンカウンターを取り入れ、人間関係のつくり方を実演を通して習得させる。喧嘩をしないように指導するとともに、喧嘩をしたらどうしたら仲直りができるか考えさせ、実行させる。

77 担任と保護者との協力関係を築く

若い教師の中には、同僚の教師や保護者とうまくかかわれない例がある。教師が好ましい人間関係を築けるようにすることは、間接的に子どものやる気に影響する。

① 挨拶の励行

子ども・同僚・保護者への心のこもった、しかも相手の顔をしっかりと見つめた挨拶が基本である。これが励行できれば、担任と保護者の協力関係の第一歩ができたことになる。

② 必要なことを正しい日本語で伝える

学級の方針、現状、子どもの学習状況やがんばっている様子などを、明快に、わかりやすい正しい日本語で伝えることである。

③ 保護者の伝えたいこと・言い分を聞き尽くす

そして、保護者から担任に伝えたいこと、何かに対する言い分、子どもの悩み相談、要望や苦情などは、じっくりと聞き尽くす。すっきりとしたその後から会話がはじまるのである。

④ 教師の仕事をきちんとして協力を求める

何よりも大切なことは、担任の子どもへのかかわり方、授業の進め方、仕事ぶりに対して保護者や地域からクレームがつかないように責任を果たすことである。

L 教育相談を活用する

教育の仕事については、教師が専門家である。もちろん、そういうプロ意識をもって子どもの教育に専念し、さらにいっそう職能を鍛えるために研究・研修を積んでほしい。

しかし、ことがそう簡単に運ばないのが教育の難しいところである。学校の教育目標、教育計画、教材、教師の授業力、子どもの実態、保護者のかかわりなどが微妙に複雑にかかわり合って進んでいくのが授業だからである。

それらの中には、教師自身のこと、子どものこと、保護者の子どもへのかかわりに関することなどについて、健康上、心理上、行動上などの悩みや課題が存在する。担任だけの力と努力でそれを解決・解消することは無理なことである。

小さな兆しが見えたときに、管理職、学年教師、先輩・同僚教師に相談することが大切である。他の人に相談することによって、自分の考えと行動が整理できるとともに、どのようにしたらよいか助言・指導・援助が受けられるようになる。そして、専門家にも相談し、専門的な指導や治療を受けることも選択肢の一つとしたい。悩みの解消や病気の治療により、安定した心で学習に取り組めるようになり、やがて子どもの学ぶ意欲を高めていく前提となる。

78 専門家に相談する

ＬＤ、ＡＤＨＤ、高機能自閉症などに限らず、生活や学習に特異に見えるような状況を示す子どものことについては、担任一人で抱え込まず、専門家に相談して、指導や援助の手だてを打つことが必要である。

① 素人判断は避ける

担任からみて困った状況は、他人に相談しにくい事柄が多いものである。ついつい自分の限られた知識や経験をもとに判断しがちであるが、取り返しのつかないことになる場合もある。

② 思い込みや誤解の解消

自分の思い込みや誤解に気づかないで、結果的に子どもへの対応が遅れて、学校生活や学習に支障の出ることがある。これを防ぎ、子どもの生活と学習がよい方向に向くように、管理職や校内教育相談担当者の助言を得て、専門家に率直に相談することが大切である。

③ 解決・改善への見通しを立てる

そして、保護者とも連絡を取りながら、今後どのようにしていくか改善の見通しを立て、計画的に進めていくようにする。子どもを取り巻く担任、学校、保護者、専門家などがプロジェクト活動として進め、少しずつ学習に意欲が感じられるようにしていきたい。

79 専門家の指導・援助を受ける

担任だけでなく、専門の人の指導や援助を受けると効果の上がることがある。管理職の判断を得て、適時適切な対応をして、どの子どもも学習に打ち込めるようにすることが大切である。

① 特別支援教育の活用

担任・学校で無理な部分には、専門家の指導・援助を求めることが、当該の子どもにとって幸せなことである。担任も特別支援教育コーディネーターの助言を得て丁寧な指導をする。

② 教育相談機関への通所

当該の子どもの必要に応じて、場合によっては教育相談機関等へ通所して指導を受けたり、治療を受けたりすることが必要になる。専門家の診断と療法に沿って進めていくことになる。

③ 保護者との連携

どのような対応をする場合にも、保護者に連絡し、話し合いながら納得と了解を得て進めることが基本である。担任の押し付けと誤解されないように配慮する。

④ 担任を学年全体、学校全体で支える

自分の学級の子どもだからと、担任は自分だけで悩んでしまいがちである。担任が中心になりながらも、学年の子ども、学校の子どものことだという組織的な取り組みが重要である。

M 授業を本気で改善する

「考えるようになる、わかるようになる、できるようになる、学習したことが使えるようになる」授業を展開できたならば、子どもは学習に好感をもち、学ぶ意欲が高まっていくことは容易に想像できる。したがって、授業を本気で改善し、充実させることが求められる。

例えば、文部科学省のホームページ「義務教育に関する意識調査」によると、「総合的な学習の時間」を肯定的に評価する割合は、小学生が六〇・〇％、中学生が四六・二％となっている。このことについては、「総合的な学習の時間」を今後なくしたほうがよいと、小学校教師の三八・三％、中学校教師の五七・二％が思っていることと関係があるように思われる。

やや飛躍する言い方になるが、授業そのものを必要と思わない教師の授業と、必要だと思っている教師の授業とでは、子どもの学ぶ意欲にかなりの違いの出ることが推測できる。不必要だと思っていたら、授業の創造や改善が控えめになるからである。

子どもは、よい授業の中で「よい学習体験」をすれば、学習が楽しくなり、もっとやってみたいと学ぶ意欲を高めていくのである。だからこそ、子どもの学ぶ意欲を目覚めさせ、高めていくような授業が、期待されているのである。

80 プロの教師としての授業を展開する

教材研究を十分にし、事前に授業案を作成して準備を十分に整え、「楽しくわかりやすい授業」を展開するよう努力することは当然であろう。いちばん大切なことは、一般にも通じる自分流の授業スタイルを確立し、それを柔軟にアレンジしていくようにすることである。

① 学習過程を工夫する

「教える→練習させる→テストで確認する」という古典的な学習過程を根本から見直し、「考える→わかる→学習したことが使えるようになる」学習過程に切り換え、既習事項を使って考える子どもに育てる工夫が必要である。

② 評価と支援を位置づける

おざなりの学習をしておき、朝学習で定着させようとする授業は子どもにとって過酷なものである。授業の中で子どもの学習状況や反応を評価（見取り）し、それに応じた支援・指導をして、その時・その場でわかるようにしていくことがプロの教師の良心であり、指導技術である。

③ 学習のまとめと確認をする

授業は曖昧な終わり方をせず、わかったことは知識として、仕方は技能として、工夫したことは考え方として学習のまとめをして、記憶しやすく、練習しやすく、使いやすくする。

81 学習形態を工夫する

学校では、子どもは集団の中で学ぶ。どのような形態で学ぶかは子どもの関心事であり、学ぶ意欲に大きくかかわることがある。

① まず、自分の仕方や考え方をもたせる

教え合い・学び合いは、効果的であり人間的であるが、その前にしてほしいことがある。それは、その子自身が「どうしたらよいか？」と自分で考えるわずかの時間を与えることである。

② ペア学習

低学年（中学年も）なら自分の仕方や考え方を隣どうしで説明し合い、学び合わせることは、わかるようになるだけでなく、コミュニケーション能力を育てる第一歩にもなる。

③ グループでの学び合い

低・中学年（高学年も）では、自分の仕方や考え方を説明し合い、話し合い、学び合うと効果的である。学級全体の討論の練習になり、自信をつけ、学ぶ意欲を高める。

④ プロジェクト学習

グループとして、一つの課題を追究することがある。この場合は、②や③と異なり、子ども一人一人の得意なことをそれなりに発揮して共同で取り組むことになる。

82 指導体制を改善する

「じっくり考え、よくわかり、よくでき、学習したことが十分活用できる」ようになれば、子どもの学ぶ意欲は確実に高まる。そのためには、指導体制の多様化が必要である。

① 何よりも1C1Tにおける授業力

指導体制を変更すると、ただちに教育効果が高まるかのような誤解をしている教師が少なくない。どのような指導体制をとっても、その授業を支えるのは、1C1T（一学級を一人の教師が進める指導体制）における「一人の教師の授業力」であり、それが十分でないときは、いかなる指導体制をとろうとも効果は上がらない。1C1Tにおける教師の授業力の高さは、学ぶ意欲ときわめて大きなかかわりをもっている。よい授業のできない教師は、子どもの学ぶ意欲を高めることができないからである。

② 本物のTT方式

「TTは役に立たない」と決めつける管理職や指導主事が少なくない。本物のTTを見ていないのかもしれない。基本型（T1：統括指導、T2：補助指導）、取り出し型（T1：統括指導、T2：取り出しグループ指導）、分担型（導入・まとめは基本型、展開は学級二分割責任指導）を組み合わせることにより、きめ細かい授業展開ができ、学ぶ意欲を高めることができる。

③　きめ細かな少人数指導

少人数指導の前提は、１Ｃ１Ｔで授業力の高い教師が担当することである。そうでなければ教師にとって「人数が少なくて楽だ！」というだけで、子どものためにはならない。人数が多いということで控えていた方法を取り入れたり、一人当たりにかける支援・指導の密度を濃くしたりすれば、指導の効果が上がり、学ぶ意欲が高まるのである。

④　ねらいを特化した習熟度別指導

少人数指導と習熟度別指導とを同義とする誤解も少なくない。少人数指導が、多人数の学級を小規模学習集団に編成し直して、きめ細かい指導を進めるのに対して、習熟度別指導は、学習集団の規模ではなく、「理解度・習熟度」を条件にして編成し、「その時点における能力別の指導」に特化したものである。したがって、それぞれの子どもをそれぞれに伸ばすことが習熟度別指導の要諦であり、効果的に運営すれば子どもはわかるようになり、学ぶ意欲は飛躍的に高まる。

⑤　専門性を重視した教科担任制

すべての教師が、すべての教科の指導内容に深い専門性を有しているとは限らない。そこで、小学校でも各教師の専門性や持ち味を生かして教科担任制を進めている学校もある。はじめは、人的な実態を考慮して交換授業から試行し、可能なところから可能なかたちで実施していくことが実際的な進め方であろう。高い専門性に触れて子どもの学ぶ意欲は高まっていく。

83 専門家の参加する授業を取り入れる

学校における授業は、教師が中心になって進めるべきである。とはいっても、特定の内容については、その道の専門家に協力していただいて、子どもの知的好奇心に応えていくことが大切である。なお、専門家が参加する授業では専門家のよさを最大限に生かす方向で、子どもの実態に応じて展開されるように教師がデザインし、授業全体を統括することが求められる。

① 子どもの知的好奇心に迫る

大学教授や専門家、その道の名人などを「先生」として招聘し、授業を行う。専門的な内容、話題、体験などに触れ、子どもの知的好奇心はくすぐられ、学ぶ意欲は高まっていく。

② 単元全体の中に位置づけ、生かす

専門家の参加する授業では、担任教師の作成した指導計画とコーディネートのもとに、授業を進めることが前提になる。難しすぎたり、散漫になったりする展開は子どもの学習活動を停滞させ、学ぶ意欲に反映しない恐れがあるので留意したい。

③ 広げ、発展させる

専門家の参加した授業を本来の学習内容を広げたり、発展させたりして、単なるトピックに終わらせないようにすると、子どもの好奇心はいっそう強まることになる。

84 ハウツーの指導理論に惑わされない

「これが唯一絶対だ」という指導理論・方法には、一種「万病に効くという薬」と共通する怪しさを感じることがある。指導理論、指導法、指導技術にはさまざまなものがある。そのどれかを採用すればすべてがうまく展開するというものではなく、必要に応じて適切な方法を選択したり、そのいくつかを組み合わせたりして活用していくべきものであろう。

① 指導技術を学ぶ

指導理論は、効果的な授業を展開する発想や方法選択の手がかりになる重要なものである。しかし、教師が指導技術を身につけ、子どもを「考え、わかり、でき、活用できる」ようにして自信をつけさせることができなければ意味がないし、子どもの学ぶ意欲は高まらない。

② 子どもの学習の進歩で考える

指導技術の選択は、子どもの学習が進歩したかどうかを目安とすることが実際的である。ただし、教え込んでドリルで定着させるという安易な意欲無視の古典型から脱却したい。

③ 教師の体験の裏づけ

指導技術は、指導理論を背景に教師の体験の結晶として、また体験が指導理論で体系化されて生まれることが多い。先輩の指導技術、仲間どうしの情報交換でいっそう磨きをかけたい。

85 教材を開発・工夫する

子どもは、教材を媒介にして学習目標を達成していく。学習活動を具体的に展開していくときに使われる教材の開発・工夫は、子どもの学ぶ意欲と大きくかかわるものである。

① 関心を引き出す教材

生活の中から素材を見つける。子どもの興味・関心のあることを課題（問題）にする。子どもの発見したことや疑問を教材化する。このような工夫を通して意欲づけをすることができる。

② 進むほどにおもしろくなる教材

学ぶ意欲は、学習の進行につれて、よくわかった、おもしろくなってきたという実感が得られると高まるものである。学習内容の本質に触れさせることが重要である。

③ 作業や書き込みのできる教材

知識・技能や考え方がわかりやすく整理できると、定着しやすく、既習事項として活用しやすくなる。作業的な活動や書き込みができる教材を作成して整理しやすくするとよい。

④ パソコンを活用する教材

子どもはパソコンなどに関心が高く、操作にもすぐ習熟する。この子どもの傾向に対応した内容が適切で効果的なソフトを開発し、活用することをもっともっと進めたい。

86 学習環境を充実する

子どもを取り巻く環境が、学ぶ意欲に影響することが考えられる。「早寝、早起き、朝ご飯」が学力向上の決め手のように提唱する人を、そんな次元の低いことをと批判する人もいるが、生活環境とか生活リズムの確立ということでは大事なことである。ここでは、学校での学習環境を整えることが、子どもの学ぶ意欲に関係することを指摘しておきたい。

① 学習に必要なものがある環境

学ぶ意欲は、学習環境にも影響されるといわれている。学習している内容にかかわる資料や既習事項の掲示、パソコンや図鑑などの情報収集の設備などを充実させたい。

② 学習に素直に向き合える学級の雰囲気

学習に素直に向き合い、まじめに取り組み、和やかに話し合える学級の雰囲気は学ぶ意欲に大きくかかわる。燃える学級もいいが、静かにしっとり考える学級もまたよいものである。

③ 学ぶことが評価される学校の風土

わずか一歩の進歩、きらりと光る工夫や発想を、教師も子どもも大きく評価する学校（学級）の風土を育てたい。認め合える雰囲気は、学ぶ意欲をごく自然に高めていくものである。

87 遊びを手がかりにする

遊びのすべてが学習につながり、遊びと関連させて学習させることが意欲づけになるとは必ずしもいえないが、遊びや遊び心を取り入れることが、学ぶ意欲を高めることになることも当然あり得る。子どもは遊びつづけようとするし、教師はなるべく早く切り上げて学習らしくしようとする様子がよく見られる。

① 遊びの中から学習課題を見つける

遊び、クイズ・パズルなどを課題（問題）に構成して学習を進めることがある。一時的に学ぶ意欲を高めるには効果的であるが、遊びそのものに関心が集中してしまうことに留意したい。

② 遊びの形態をとりながら練習させる

また、「謎解きクイズ・パズル、あてもの」の形態をとると意欲的に練習する。おおむね習熟したら、知識・技能や考え方を活用させながら定着させる段階に移行させることが大切である。

③ 知的な遊び（クイズ、パズル）を取り入れる

知的な遊びそのものを学習対象や課題（問題）にして授業を展開する方法もあり、学ぶ意欲を高めることができる。この場合、単におもしろいとか子どもの関心を引きつけるということではなく、学習内容に対応したものになっていることが要件になる。

88 体験・実習・実技を手がかりにする

学習だからといって、言葉を通してだけの学習活動では、子どもにやる気は起きない。かといって、抽象的ではわかりにくいからと具体物にいつまでも頼りきりの学習活動もだらけてしまうものである。それを承知した上で、実体験を手がかりにすることを効果的に取り入れて、学ぶ意欲につなげる工夫を期待したい。

① 学習課題を理解する基礎づくり

これから学習することに関連する体験をあらかじめさせたり、体験させることにより学習課題を具体的に捉えやすくしたりすることが、学ぶ意欲を高めることになることは多い。

② 解決の仕方を考える基礎づくり

解決の仕方を考える際に、体験・実習・実技が手がかりになることは多い。このことを実感した子どもは、以降、考える手がかりとして、体験・実習・実技を意欲的に採用することになる。

③ 実際に試してみることを奨励する

作品を作る。問題を解決する。あることを調べ、わかったことに自分の考えを加えてまとめる。このようなとき、じっとしているのではなく、あれこれと実際に試してみることを奨励することが重要である。自分からいろいろと試してみる行動は、学ぶ意欲のあらわれである。

89 生活から出発し、生活に戻す

生活は子どもの学習に二つの意味で大きくかかわっている。一つは「生活から出発すること」であり、子どもの生活（や関心をもっている事柄）の中から課題や教材を見つけたり作り出したりして学習を臨場感のあるものにすることである。二つは「生活に戻すこと」であり、学習を生活とのかかわりの中で学ばせるとともに、学習したことが生活に役立つという有用感を実感させ、積極的に活用させることである。

① 生活から出発する

子どもは身近な生活に関連した事柄の学習には意欲的に取り組む。低・中学年はその傾向が特に強い。高学年では、子どもが関心をもっていることも加えていくようにする。

② 生活に戻す

学習したことが生活の中でどのように使われているのかを扱ったり、見つけさせたりすると、学ぶ意欲が継続するとともに、既習事項を生活と結びつけていくことで理解がいっそう深まる。

③ 学習したことは役立つ

また、学習したことが問題解決に役立った、新しいことを学習するときに役立った、生活の中で使えたという体験が、学習することに価値を認めることになり、学ぶ意欲は高まる。

90　補充学習・発展学習・土曜授業を活用する

「できない」から「学ぶ意欲」が高まらないという主張がある。だから、もっと学習させて「できる」ようにすれば「学ぶ意欲」が高まるはずだというのである。

①　まず月火水木金の授業の充実

学ぶ意欲を高めるためには、何にも優先して、月火水木金の五日間の授業を充実させることが前提である。ここをないがしろにしては学力は定着しないし、学ぶ意欲は高まらない。

②　教育課程下の補充学習・発展学習

次に大切なことは、教育課程下（授業の中、朝学習、放課後学習など）での子どもの学習状況や達成度に応じた補充学習や発展学習をすることである。「わかる、できる、学習したことが使える」ようになれば、自信が出て、学ぶ意欲の高まりになっていく。

③　土曜授業・夏休み授業の運営

教育委員会や学校によっては、土曜日や夏休みに授業を実施して、定着・習熟を目的にした授業を実施している。全員を対象にしている場合と希望者のみを対象にしている場合がある。学力調査の結果を意識している傾向も感じられる。子どもの家庭や地域での生活体験との兼ね合いを考慮し、総合的に検討して実施することが望まれる。今後の課題である。

N 教師や親がモデルになる

「学ぶ教師が、学ぶ子どもを育てる」と言われている。教師が、意欲的に学ぶことをしないのに、子どもにばかり「学ぶことを強要する」ことは不自然である。結局、教え込み、ドリル漬けにして、ある程度できるようにはなるものの勉強嫌いの子どもを量産することになる。

一方、子どもの教育を外部にまる投げした上に、学校に受験学力のみを強く求める保護者ではなく、忙しい中にも親としての「前向きな生涯学習者」として素朴な学びを実践している「親の背中」を見た子どもは、勉強を楽しんで進めているということである。教師も親も子どもの最も身近なモデルなのである。

91 「学ぶ意欲」を失わせる教師にならない

「学ぶ意欲」を高めることと、教師の子どもへのかかわりは実に大きいものがあると言われている。どうのような教師と出会ったか、教師からどのようなかかわりをされたかは、子どものその後の学習に影響したことが、多くの偉人（好ましい影響）や多くの非行青少年（好ましくない影響）の懐古談の中に見つけることができる。

①「学ぶ意欲」を高める教師

子どもにやる気が起こる先生ということで自由に挙げさせると、次のようなことが多い。教師が授業を進める上で基本的に配慮したいことである。

- ○ほめられた
- ○やればできると励ましてくれた
- ○説明が上手でよくわかる
- ○わからないとき優しく教えてくれる
- ○一生懸命教えてくれる
- ○厳しいけど優しい

②「学ぶ意欲」を失わせる教師

一方、子どもがやる気をなくすときの先生についても書いてもらった。この多くは、教師自身は気づいていないかもしれない。しかし、当事者である子どもにとっては、トラウマ（心の傷）になっているのである。十分に承知して、子どもに誠実にあたたかく向かい合いたい。

○できる子にひいきする
○「こんなことができないのか」とけなす
○発表（言い分）をわかってくれない
○私のところに教えにきてくれない
○古いギャグを飛ばす
○間違えるとこわい顔（表情）をする
○できる人ばかり当ててどんどん進む
○「こんな子どもたち（学級）ははじめてだ」
○話がわかりにくい、聞きにくい
○先生だって勉強していない

③ 教師が「学ぶ意欲」のモデルになる

このように見てくると、教師は、子どもにとって「学ぶ意欲」のモデルになっていることを意識する必要を強く感じる。特に、②の「学ぶ意欲」を失わせる教師の言動を見ると、どれも現実にあり得ることばかりである。もしかしたら、自分も無意識のうちにそのようなことをしているのではないかと、これまでの教師と子どもとのかかわりを「振り返る（reflection）」ことが重要であると思われる。そして、子どもの学ぶ意欲を失わせないよう言動を改善し、学ぶ意欲を高めるために、教師自身がモデルになるように心がけたいものである。

92 親・家族が子どもの学習に関心をもつ

保護者や家族が子どもの学習に関心をもっているほうが、もっていない場合に比べて、子どもの学ぶ意欲が高いということについては、統計的な裏付けがないものの、多くの教師が体験的に感じているところである。

① 子どもへの心理的な支え

親や家族が、子どもの学習していることに関心をもったり、あるいは学校でどのようなことを学習したのか子どもが元気に話すことを聞き尽くしたりすることは、子どもの学習への心理的な支えになり、結果として学ぶ意欲を高めることになっていく。

② 学習に関する環境づくり

家族が直接学習の面倒を見ることはないが、子どもの学習している内容や関心に気を配っていて、関連するものがあれば渡したり、求められれば多少協力したりすることなどが、子どもの学習を進めやすくする。学ぶ意欲の喚起にも役立つであろう。

③ 学習への積極的なかかわり

わからない部分をわかるように指導するなど、親や家族が子どもの学習に直接かかわることもある。担任が協力することにより効果が上がれば学ぶ意欲に結びつくことがある。

O 人や社会とのかかわりを意識させる

学習したことが、人や社会とどのようにかかわっているか意識できるようにすることが、学ぶ意欲と大きくかかわってくる。進路・生き方指導、キャリア教育と大きくかかわる部分である。学習は、先人が創造した親学問を教材化して学ぶことが多い。どのような人が、どのようにして創り出したのか、見つけたのか、まとめたのかなどは、子どもにとって興味・関心をもつ事柄であるので大切にしたい。

また、学習は、教師や子ども、その他多くの人のかかわりの中で成立していくことが一般的である。学び合い、高め合いなどはその典型である。

一方、学習したことが、社会でどのように役立っているかを子どもに知らせたり、見つけさせたりすることも重要である。人は、学習したことを仕事に活用したり、仕事に就きたいために必要な事柄を学習したりしている。さらに広く考えれば、社会のどのようなところに学習したことが活用されているか、活用することができるかを捉えることができるようにすることも重要なことである。学習したことが役に立たないと思っている子どもが多い日本の現状は、学ぶ意欲の高揚、職業への関心という意味で、ニート対策にも通じる面があると考えられる。

93 進路指導・生き方指導・キャリア教育を充実させる

学ぶ意欲が低い。将来に希望や期待があまりもてない。未来志向で考えたり行動したりすることを苦手（求めない、避けるなど）とする傾向は、引きこもりやニートと少なからずかかわりがあると推測される。その意味でも進路指導・生き方指導・キャリア教育の充実は重要である。

① キャリア教育を進める

キャリア教育は、「子どものキャリアの発達を支援し、それぞれにふさわしいキャリアを形成していくために必要な意欲・態度や能力を育てる」ことである。つまり、職業や勤労の理解や経験、生き方の模索、自分探しである。自分や仕事との関係で学習内容を捉えさせることは、学ぶ意欲を高めることにつながり、キャリア教育としても重要なことである。

② 「なりたい自分」をもたせ、「なれる自分」を思い浮かべさせる

そこで、どのように生きたいか、どのような仕事をしたいか、そのためにはどのようなことができるようになっていればよいかなどと関連させて学習させることが必要である。

③ 可能性を求めて行動させる

よりよい生き方を求めさせる。「なりたい自分」を「なれる自分」にするために、可能性を求めて行動させることとは、学習の必要性を感じさせ、学ぶ意欲を高めることに移行していく。

94 将来の夢と関連させる

ただ一方的に、子どもに自発的・主体的な学習を求めてもその気にはならない。子どもの将来の夢と関連させ、目的的なものとしての学習観をもたせることも必要である。

① 手の届く近い夢と関連させる

なりたい自分、したい事柄と関連させて学習させると学ぶ意欲は高まる。しかしながら、子どもに遙か遠くのことを考えさせても現実的ではない。そこで、すぐ実現しそうな「英語で挨拶ができるようにする」など手の届く夢をもたせ、実現できた体験をさせるようにする。

② 近い将来の夢と関連させる

次の段階では、①よりも遠い、近い将来の夢「作文を上手に書けるようにする」などを設定させ、どのようにしたら実現できるか考えさせ、取り組ませる。自分なりに工夫し、努力して実現させた体験は、他の事柄にも積極的に取り組む意欲として好ましい影響を及ぼしていく。

③ 大人になったらの夢と関連させる

さらに、遙か先のことになるが、大人になったらこのような生き方をしてみたい、こんな仕事をやってみたい、あの人のようになりたいという夢（あこがれ）をもたせるようにする。このことの実現を目指して、少しずつそなえるように心がけることも、学ぶ意欲につながる。

95 仕事とのかかわりを考えさせる

将来なるかどうかを別にして、仕事にはどのようなものがあるか。その仕事では、どのような知識や技能、考え方を必要とするのか、活用しているのか。そのような見方を子どもに体験させることも重要なことである。

①　働くってどんなこと？

仕事をすること、働くということはどのようなことかを、体験的に理解させることが重要である。働くこと（勤労）の爽やかさ、充実感、自己の有用感を実感させることが、働くことの意義の理解につながり、いい働きをするための学ぶ意欲となっていくからである。

②　仕事にはどのようなものがあるか

現在、私たちを取り巻く生活の中に、何種類の仕事があるだろうか。そのことを子どもに理解させることも、なりたい自分、したい仕事の範囲を広げ、選択肢の多様さ、選択した事柄を実現させるための学習への自発的・主体的な取り組みをいっそう高めることになる。

③　もし「この仕事」をするとしたら何を勉強するか？

具体的な仕事、技術者、学者、芸術家、小説家、料理人などを想定して、どのような勉強をしたら実現するか考えさせたり、実際に行動させたりすることは、学ぶ意欲の喚起につながる。

96 研究や開発との関係を考えさせる

病気から命を救う研究をしたい。宇宙旅行が簡単にできるような開発をしたい。数学の研究をしてまだだれも発見していない法則を発見したい。動物学者になって、絶滅のおそれのある動物を救いたい。このような子どもの願いと学習を関連づけることも大切である。

① 人類の進歩に着目させる

さまざまな観点から人類の進歩についてじっくりと眺めさせることも大切である。そのことを通して、学習することの意味、先人の工夫や努力がどのようにかかわっているかについて捉えることができるようになり、学習することの意義を認めるようになる。

② 地道な研究に関心をもたせる

科学技術の進歩、環境の保全などは、地道に研究を積み上げてきた成果の上に成り立っている。したがって、課題（目標）の達成を目指して、こつこつとねばり強く研究していることの素晴らしさを理解させたい。静かな学ぶ意欲も価値があるのである。

③ 子どもの特にすぐれている個性を伸ばす

すべての面をよくすることは必ずしもよいこととは限らない。その子どものよいところ、特にすぐれている個性を、その方向で伸ばすよう意欲づけることも重要である。

97 世界の平和や人類の幸福とつなげる

世界の平和、人類の幸福を観念的に主張する人は多いが、実際に、具体的にかかわっている人は意外に少ない。学習と現実の間、認識と行動の間に乖離があるからである。

① 学ぶことと世界の平和

無理解や認識が浅いことによる対立や紛争が少なくない。科学、政治・経済、文化・芸術、習慣・風俗、スポーツなど、学ぶことによって理解でき、相互存在が平和につながる。このようなことが理解されることによって、学習への意欲が増していくことが考えられる。

② 学ぶことと人類の幸福

自分だけでなく、友達の、みんなの、世界じゅうの人の幸福を願うことができるようにする。学ぶことで、どうしたらそうなるか、見えるようになってくる。そうすれば、さらに学ぶことに意欲的になってくるであろう。学ぶことと人類の幸福の実現は大きくかかわっているのである。

③ 学習するとどのように可能性が広がるか

核兵器に反対する。ユニセフ基金に協力する。これらも世界の平和と人類の幸福に寄与することは間違いない。学習することが平和と幸福をもっと身近に引き寄せ、一人でも多くの人々がその恩恵に浴することになるのである。このことが理解されれば学ぶ意欲は高まる。

98 ボランティア体験をさせる

人のためになることをするということ、ボランティア活動をすることはよいことである。このことと学習を結びつけることにより、より人の役に立ちたいと学ぶ意欲を高めていく例もある。ボランティア体験が奨励されている昨今、考えてよい視点である。

①「ちょボラ」（ちょこっとしたボランティア）のすすめ

長山豊氏（学習院大学助教授）は、「ちょボラ」からはじめることを提唱している（『そよかぜ通信』二〇〇五秋号 教育出版）。自分の力を人や社会のために役立てたいという意識と行動は、それ自体が美しいし、そうなるための学習を誘発するものである。

② 自発性の重視

ボランティア活動は、相手（人、社会、環境、平和、国など）のためになることを自発的に行うことに価値がある。この自発性は、ボランティア活動に限らず、学習をはじめすべてのことに積極的にかかわっていく思考態度、行動様式に通じるものがある。

③ ボランティアをするために

ボランティア活動に自分の能力を活用する。その一方で、特定のボランティア活動に参加したいために必要な学習をするということもある。ボランティア活動が意欲を誘発するのである。

99 前向きな態度を育てる

前向きに発想し、目標（大まかなもの、曖昧なものであっても）に向かって行動する子どもに学ぶ意欲の高い子どもが多い。このことを考慮した授業や日常の指導をすることも大切である。

① 消極的な子どもの傾向

なかなか取りかからない。自分の考えを発表しようとしない。わからないことがあっても、うやむやにしてしまう。何をしたいのか、はっきりしない。根気がない。したいとか、いやだということがはっきり言えない。言われないとやらない。このような傾向を克服させないと学習にも意欲的に取りかかる子どもにはなりにくい。

② 積極的な子どもの傾向

すぐはじめる。自分の意見がはっきりしていて、進んで発言する。求めたり断ったりすることが明快にできる。ねばり強く最後までがんばる。好奇心が強く、わからないことは自分で何とかしようとする。このような傾向を認め奨励すると、学ぶ意欲がいっそう高まる。

③ 悩んだら克服する行動傾向

見通しのある楽しいことだけでなく、悩みが生じたら、困ったことが起こったら、何とか乗りこえようと行動を起こすような子どもにしたい。これは学ぶ意欲に通じる大事なことである。

100 壁・困難・不安を突き破るたくましさを育てる

学習するということは、今までに習っていないこと、今までに解決したことのないことなど、新しいことについて取り組むことがすべてといっても言い過ぎではない。ということは、困った事態に強い子どもを育てることが必要になる。

①「何とかなるさ」という楽観主義

「難しそうだな。でも、何とかなるだろう」と楽観的に構えて、「さて、どのようにしたらよいかな?」と考え出すおおらかさも必要である。一見のんびりとしているようで実はたくましい子ども、学ぶ意欲には欠かせない一面である。

② 二枚腰

一度失敗したら、仕切り直してもう一度挑戦する。このようなしぶとさも学ぶ意欲の具体的な姿である。一度くらいの失敗にたじろがない子どもにしたいものである。

③ 七転び八起き

何度もやり直して最後に成功したときのあのうれしさや充実感は何ものにもかえがたい。学ぶ意欲の究極の姿である。このような姿が少しでも見えたらほめて、みんなに紹介したい。

著者紹介

小島　宏（こじま ひろし）

1942年生まれ。東京都荒川区立第一峡田小学校・東京学芸大学附属小金井小学校教諭，東京都東村山市教育委員会指導主事，東京都教育庁指導部初等教育指導課指導主事（算数），東京都立教育研究所主任指導主事（道徳教育，小・中学校教育），東京都教育庁指導部主任指導主事（環境教育），同初等教育指導課長（幼稚園，小学校），東京都東村山市立化成小学校長，東京都立多摩教育研究所長，東京都台東区立根岸小学校長を経て，現在，（財）教育調査研究所研究部長。

この間，文部科学省「小学校学習指導要領解説　算数編」作成協力者，教育課程審議会専門調査員，東京都教育委員会「東京都公立小学校・学校評価基準」作成委員長などを歴任。

〔主な著書〕『学校をひらく』（1995，教育出版），『総合的な学習の創造』（共編，1997，教育出版），『授業崩壊』（1998，教育出版），『総合的な学習の評価計画と評価技法』（共編，2000，明治図書），『新しい評価の実際』（共編，2001，ぎょうせい），『算数科習熟度別学習の実践方式』（2001，明治図書），『小学校第1（2，3，4，5，6）学年の絶対評価規準』（共編，2001，明治図書），『算数科の授業と絶対評価（学年別全6巻）』（共編，2002，教育出版），『小学校絶対評価の方法と実際』（編著，2002，明治図書），『小学校算数科基礎・基本定着の指導技法』（編著，2002，明治図書），『学校の自己点検・自己評価の手引き（小学校版）』（2002，明治図書），『校務・服務スタートブック』（編著，2003，教育開発研究所），『授業のなかの評価』（2003，教育出版），『小学校少人数指導の評価』（2003，教育出版），『ハンドブック学級担任の基本』（編著，2004，教育出版），『算数科の授業づくり』（2003，教育出版），『ハンドブック学級経営の悩み相談』（2005，教育出版），『算数授業つまずきの原因と支援』（2005，教育出版），『学力向上作戦』（2006，教育出版）

ハンドブック **学ぶ意欲を高める100の方法**

2006年4月12日　第1刷発行

著　者　小　島　　宏
発行者　小　林　一　光
発行所　教　育　出　版　株　式　会　社

〒101-0051 東京都千代田区神田神保町2-10
電話 03-3238-6965　振替 00190-1-107340

組版　ビーコム
印刷　モリモト印刷
製本　上島製本

ISBN 4-316-80194-5　C3037